남자들은 자꾸 나를
가르치려 든다

MANSPLAIN

Men
Explain
Things
To Me

—

Rebecca Solnit

남자들은 자꾸 나를 가르치려 든다

리베카 솔닛 지음 · 김명남 옮김

창비

할머니들, 평등주의자들, 몽상가들, 이해하는 남자들,
꾸준히 나아가고 있는 젊은 여자들, 그 길을 연 나이 든 여자들,
끝나지 않는 대화들,
그리고 (2014년 1월에 태어난) 엘라 나히모비츠가
제 역량을 온전히 펼칠 세상을 위하여

차례

MAN SPLAIN 1

남자들은 자꾸 나를
가르치려 든다

쌜리와 내가 왜 애스펀 너머 숲 속에서 열린 그 파티에 구태여 참석했는지, 아직도 모르겠다. 참석자들은 모두 우리보다 나이가 많았으며 기품있게 지루하신 분들이었다. 사십대인 우리가 그 자리를 빛내는 젊은 아가씨들로 통할 정도였으니까. 집은——만일 당신이 랠프 로런 스타일의 산장을 좋아한다면——근사했다. 해발 2,743미터에 지어진 튼튼하고 호화로운 별장에는 사슴뿔 장식과 수많은 킬림(kilim, 발칸 반도 지역에서 태피스트리 기법으로 짠 융단), 장작 때는 난로가 갖춰져 있었다. 우리가 슬슬 떠날 차비를 하려는데 주최자가 말했다. "아니, 조금만 더 계시다가 나랑 얘

1. 남자들은 자꾸 나를 가르치려 든다

기 좀 합시다." 그는 아주 돈 많고 당당한 남자였다.

다른 손님들이 하나둘 그곳을 나서서 여름밤 속으로 사라지는 동안, 우리는 그를 기다렸다. 그는 이윽고 우리를 진짜 나뭇결이 도드라진 탁자에 앉히고는 내게 물었다. "자자, 책을 두어권 쓰셨다고 들었습니다만."

나는 대답했다. "사실은 그보단 더 많이 썼습니다."

그는 친구의 일곱살 난 아이에게 플루트를 얼마나 배웠는지 이야기해보라고 구슬리는 사람처럼 물었다. "그래서, 어떤 내용들입니까?"

그때까지 내가 쓴 예닐곱권의 책들이 다룬 주제는 상당히 다채로웠지만, 나는 2003년 그해 여름에 나온 최신작에 관해서만 이야기했다. 『그림자의 강: 에드워드 마이브리지와 기술의 서부시대』(*River of Shadows: Eadweard Muybridge and the Technological Wild West*)라는 책으로, 시공간의 소멸과 일상의 산업화를 다룬 내용이었다.

내가 마이브리지를 언급하자마자 그가 내 말을 잘랐다. "올해 마이브리지에 관해서 아주 중요한 책이 나왔다는 거 압니까?"

나는 내게 할당된 배역, 순진한 아가씨라는 배역에 워낙

사로잡혀 있었기 때문에, 공교롭게도 같은 주제에 관한 다른 책이 동시에 출간되었는데 어째서인지 내가 그걸 놓쳤을지도 모른다는 가능성을 기꺼이 받아들일 자세가 되어 있었다. 그는 벌써 그 아주 중요한 책에 대해서 떠들기 시작했다. 장광설을 펼치는 남자에게서 흔히 볼 수 있는 거만한 표정으로, 자기 자신의 권위라는 저 멀고 흐릿한 지평선에 지그시 시선을 고정한 얼굴로.

이 대목에서 잠깐, 내 인생에는 사랑스러운 남자들도 잔뜩 있다는 말을 하고 넘어가야겠다. 내가 지금보다 젊었을 때부터 내 말을 들어주고 나를 격려하고 내 글을 발표해준 일련의 수많은 편집자들, 한량없이 너그러운 남동생, 그리고—펠렌 선생님의 초서(Geoffrey Chaucer) 수업에서 배웠던 것이 여태 기억나는 『캔터베리 이야기』 속 대학생에 관한 묘사처럼—"그는 기꺼이 배우고 기꺼이 가르쳤다"라고 표현할 만한 멋진 남자 친구들. 그래도 세상에는 다른 남자들도 있기 마련이다. 그래서 그 아주 중요한 남자분은 내가 처음부터 그 정체를 알아차렸어야 마땅한 책에 대해서 거만하게 떠들었고, 보다 못한 쌜리가 끼어들어 "그게 바로 이 친구 책입니다"라고 말했다. 아니, 끼어들려고 시도는 했다.

　그러나 그는 자기 말을 계속할 뿐이었다. 쌜리가 "그게 바로 이 친구 책이라고요"를 세번인가 네번쯤 말한 뒤에야 그는 말귀를 알아들었고, 그 즉시 꼭 19세기 소설에 나오는 사람처럼 얼굴이 잿빛으로 변했다. 알고 보니 그가 직접 읽은 것은 아니고 몇달 전에 『뉴욕 타임스 북리뷰』에서 서평만 읽었을 뿐인 그 아주 중요한 책의 저자가 나란 사실은 깔끔한 범주들로 분류되는 그의 세상을 몹시 교란하는 것이었기에, 그는 놀라서 할 말을 잃었다. 아주 잠깐. 그러고는 이내 다시 장광설을 펼치기 시작했다. 여자인 우리는 조신하게도 우리 목소리가 들리지 않을 곳까지 벗어난 뒤에야 웃음을 터뜨렸고, 한번 터진 웃음은 멈출 줄을 몰랐다.

　나는 이런 종류의 사건을 좋아한다. 평소에는 은밀하고 모호한 힘들이 풀밭에서 스르르 기어나와, 소를 삼킨 아나콘다나 카펫에 떨어진 코끼리 똥처럼 우리 눈에 뻔히 들어오고야 마는 순간을.

미끄러지기 쉬운 비탈 같은 침묵 강요의 여러 단계들

물론 이따금 불쑥 아무 상관없는 일들이나 음모론을 늘어놓는 사람 중에는 남자도 있고 여자도 있지만, 내 경험상 아무것도 모르는 주제에 자신감이 넘쳐서 정면 대결을 일삼는 사람은 유독 한쪽 성에 많다. 남자들은 자꾸 나를, 그리고 다른 여자들을 가르치려 든다. 자기가 무슨 소리를 하는지 알든 모르든. 어떤 남자들은 그렇다.

여자라면 누구나 내 말을 이해할 것이다. 이런 현상 때문에 여자들은 어느 분야에서든 종종 괴로움을 겪는다. 이런 현상 때문에 여자들은 나서서 말하기를 주저하고, 용감하게 나서서 말하더라도 경청되지 않는다. 이런 현상은 길거리 성희롱과 마찬가지로 젊은 여자들에게 이 세상은 당신들의 것이 아님을 넌지시 암시함으로써 여자들을 침묵으로 몰아넣는다. 이런 현상 때문에 여자들은 자기불신과 자기절제를 익히게 되는 데 비해 남자들은 근거 없는 과잉 확신을 키운다.

2001년 이래 미국 정치의 향방은 일찍이 알카에다에 대해서 경고했던 FBI 여성 요원 콜린 롤리(Coleen Rowley)의 말을 귀담아듣지 않음으로써 정해졌다고 해도 크게 놀라운 이야기는 아닐 것이다(FBI 미니애폴리스 지부는 9·11 사건 한 달 전 자카리아스 무사위라는 알카에다 요원을 이민법 위반으로 체포한 뒤 그가 수상한 의도로 비행 교습을 받은 것을 알고 수색 허가를 신청했지만 상부의 승인을 얻지 못했다. 당시 미니애폴리스 지부 요원이던 롤리는 FBI가 그 정보에 조금만 더 관심을 기울였더라도 테러를 막을 수 있었을 것이라고 9·11 직후에 주장했다. 무사위는 현재 9·11 테러 가담자로서 종신형을 선고받고 복역 중이다). 또한 그 궤적은 분명 아무 말도 통하지 않던 부시 행정부 탓이었다. 부시 행정부에는 이라크가 알카에다와 무관하며 대량살상무기(WMD)를 갖고 있지 않다는 말도, 전쟁이 '식은 죽 먹기'일 리 없다는 말도 통하지 않았다. (남성 전문가들조차 그 거만함의 요새를 뚫지 못했다.)

어쩌면 그 교만은 전쟁 때문이었을지도 모르겠지만, 내가 말한 이런 증후군은 거의 모든 여자들이 매일 치르고 있는 전쟁이며 여성 내면에서도 벌어지는 전쟁이다. 자신이 잉여라는 생각과의 전쟁이고, 침묵하라는 종용과의 전쟁이다. 작가로서 썩 괜찮은 경력을 쌓은 나조차도 (더구나 나는 많은 조사를 통해서 정확하게 바로잡은 사실들을 알고 있음에도 불구하고) 그 전쟁으로부터 완전히 자유로

워지진 못했다. 인정하건대, 내게도 그 아주 중요한 남자분의 거만한 확신이 그보다 덜 굳건했던 내 자신감을 자빠뜨리도록 허락한 순간이 있지 않은가.

잊지 말아야 할 점은, 나는 다른 여성들에 비해서 스스로 생각하고 발언할 권리를 훨씬 많이 인정받아온 사람이라는 사실이다. 또한 나는 약간의 자기불신은 잘못된 사실을 바로잡고 이해하고 귀담아듣고 발전하는 데 좋은 도구라는 사실도 안다─지나친 자기불신은 사람을 마비시키고 철저한 자기확신은 교만한 멍청이를 낳겠지만 말이다. 남성과 여성은 그런 양 극단으로 각각 밀어붙여지고 있지만, 사실 그 사이에는 행복한 중간지대가 있으며, 우리는 모두 서로 주기도 하고 받기도 하는 그 훈훈한 적도대에서 만나야 한다.

여성의 이런 상황이 좀더 극단적으로 드러난 현상은 가령 중동 국가들에서 찾아볼 수 있다. 그곳에서 여성의 증언은 법적 효력이 없다. 따라서 여성은 남성 강간자의 주장을 반박할 다른 남성 증인을 확보하지 못하는 한 자신이 당한 강간을 스스로 증언할 수 없다. 당연히 그런 증인은 드물다.

신뢰성은 생존의 기본 도구다. 내가 아주 어렸을 때, 페미니즘이 무엇이고 왜 필요한지 알아가기 시작하던 시절에 사귀던 남자친구에게 핵물리학자 삼촌이 있었다. 어느 크리스마스에 그 삼촌은 우리에게 핵폭탄 연구자들이 사는 교외의 자기 동네에서 한 이웃집 부인이 한밤중에 알몸으로 집을 뛰쳐나와서는 남편이 자기를 죽이려 한다고 비명을 질러댔다는 이야기를—마치 가볍고 재미난 대화 소재인 것처럼—들려주었다. 나는 물었다. 남편이 진짜로 아내를 죽이려 한 게 아니란 걸 어떻게 아셨어요? 그는 내게 참을성 있게 설명했다. 그 사람들은 점잖은 중산층 가정이었다고, 따라서 남편이 아내를 죽이려 했다는 말은 여자가 남편이 자기를 죽이려 한다고 외치면서 집을 뛰쳐나온 데 대한 설명으로서 믿을 만하지 않다고, 오히려 여자가 정신나간 거라고…

여자는—비교적 최근에 생긴 법적 도구인—금지명령을 받으려는 경우에도, 먼저 어떤 남자가 자신에게 위협이 된다는 사실을 법원이 믿게끔 만들고 다음에는 경찰이 그 명령을 집행하게끔 만드는 신뢰성을 갖춰야 한다. 어차피 금지명령이 소용없는 경우도 많다. 폭력은 타인을 침묵시키고, 타인의 목소리와 신뢰성을 부정하고, 내게 타인이 존재할 권리를 통제할 권리가 있다고 주장하는 한 방법이다. 미국에서는 매일 약 세 명의 여자가 배우자나 옛 배우자에게 살해당한다. 미국에서 임신부의 주요한 사망 원인 가운데 하나도 바로 그것이다. 강간, 데이트 강간, 부부 강간, 가정폭력, 직장 내 성희롱을 법적 범죄로 규정하려고 애써온 페미니즘의 투쟁에서 핵심 과제는 우선 여성을 신뢰할 만하고 경청할 만한 존재로 만드는 것이었다.

나는 그런 행위들이 진지하게 여겨지기 시작했을 무렵부터, 그러니까 여성을 저지하고 죽이는 중대한 사건들을 법으로 다루기 시작한 1970년대 중반부터, 달리 말해 내가 태어나고도 한참이 지난 뒤부터 비로소 여성이 인간의 지위를 획득했다고 믿는 편이다. 혹 직장에서의 성적 협박이 생사의 문제는 아니지 않냐고 말하려는 사람이 있다면, 미국 해병대의 마리아 로터바크(Maria Lauterbach) 일병을 기억하길 바란다. 스무 살이던 로터바크 일병은 정황상 어느 겨울밤에 상급자 동료에게 살해된 듯하다. 그녀는 얼마 뒤에 그의 강간을 증언하려던 참이었다. 임신 중이던 그녀는 타고 남은 유해가 되어 남자의 집 뒷마당에서 발견되었다.(이후 밝혀진 바에 따르면, 로터바크와 불륜관계였던 씨저 로리언은 그녀가 자신을 상부에 고발하려 하자 흉기로 죽인 뒤 시체를 태웠다. 로리언은 가석방 없는 종신형을 선고받았다.)

아무리 사소한 대화에서도, 남자들은 자기가 이야기하는 내용을 알지만 여자들은 잘 모른다는 소리를 여자들이 자꾸만 듣게 되는 것은 세상의 추악함을 지속시키는 일이자 세상의 빛을 가리는 일이다. 2000년에 『걷기의 역사』(*Wanderlust: A History of Walking*)를 출간한 뒤, 나는 다름 아닌 나 자신의 인식과 해석 때문에 스스로 괴로워하는 일에 대해서 내가 예전보다 좀더 잘 저항하게 되었다는 사실을 깨달았다. 당시에 내가 어떤 두가지 정황과 관련된 어느 남자의 행동에 반대한 일이 있었는데, 그러자 사람들은 내게 그 사건들은 내가 이야기한 방식과는 전혀 다르게 벌어졌으며 주관적이고 망상적이고 과격하고 부정직한 쪽은 오히려 나라고 말했다. 요컨대 너는 여자라는 소리였다.

만일 내 인생에서 그보다 더 과거에 그런 일이 벌어졌더라면 십중팔구 나는 스스로를 의심하여 의견을 굽혔을 테지만, 그때 나는 이미 역사책을 쓰는 저자로서 공적인 지위를 확보했던 터라 그에 힘입어 내 입장을 고수할 수 있었다. 그러나 대부분의 여자들은 그런 발판을 얻지 못한다. 그리고 지구의 70억 인구 중에서 수십억명의 여자들은 지금도 그들이 자기 자신의 삶에 대한 믿음직한 증인이 못 된다는 소리를 듣고 있을 것이며, 현재는 물론이거니와 미래에도 영영 진실은 그들의 소유물이 될 수 없다는 소리를 듣고 있을 것이다. 이 현상은 남자들이 자꾸 여자를 가르치려 드는 현상을 넘어선 일이지만, 둘 다 똑같은 교만의 제도(諸島)에 속하는 일이다.

남자들은 아직도 자꾸 나를 가르치려 든다. 그리고 내가 알고 그들은 모르는 일에 대해서 내게 잘못된 설명을 늘어놓은 데 대해 사과한 남자는 아직까지 한명도 없었다. 아직까진 없었지만, 보험 통계에 따르면 나는 앞으로도 사십 몇년쯤 더 살 가능성이 높으니 미래에는 어쩌면 그런 남자가 생길지도 모른다. 별로 크게 기대하진 않지만.

이중의 전선에서 싸우는 여성

애스펀에서 그 바보를 만나고서 몇년이 지난 뒤 나는 베를린에 강연을 하러 갔다가 맑스주의 작가 타리크 알리(Tariq Ali)의 저녁 초대를 받았다. 식사 자리에는 작가 겸

번역가인 다른 남자와 나보다 좀 젊은 여자 세명이 더 있었는데, 여자들은 내내 공손한 태도로 거의 입을 열지 않았다. 타리크는 멋진 사람이었다. 그런데 다른 남자 번역가는 내가 대화에서 줄곧 겸손한 자세를 취하는 것이 약이 오르는 모양이었다. 내가 1961년에 창립해 대단한 활동을 펼쳤지만 널리 알려지지 않은 반핵반전단체 '평화를 위한 여성파업'이 하원비미활동위원회(HUAC, 비非미국적이며 파괴적인 활동을 조사하기 위해 1938년 미국 하원에 설치된 위원회로 매카시즘 시대에 크게 활약했다)의 공산주의자 사냥을 중단시키는 데 한몫했다는 이야기를 꺼내자, 그 아주 중요한 남자분 제2호는 얼씨구나 하고 나를 비웃었다. 그는 1960년대 초에는 하원비미활동위원회가 존재하지도 않았으며, 그 점을 차치하더라도 하원비미활동위원회의 몰락에 기여한 여성단체는 전혀 없었다고 우겼다. 그의 비아냥은 몹시 위압적이었고 그의 확신은 몹시 공격적이었기 때문에 나는 그와 입씨름해봤자 역시 말이 안 통하는구나 하는 끔찍한 경험만 더 쌓고 괜히 모욕만 더 당할 것 같았다.

당시에 나는 아홉권쯤 책을 낸 무렵이었는데, 그중 한 권에서 '평화를 위한 여성파업'에 관련된 일차자료와 핵심 구성원 중 한명의 인터뷰를 활용했다(2004년작 『어둠 속의 희망』을 말한다). 그러나 나를 가르치려 드는 남자들은, 수태(受胎)를 연상시키는 음흉한 비유라 할 만한 관점으로, 나를 자신들의 지혜와 지식으로 채워야 할 빈 그릇으로 본다. 프로이트주의자라면 아마 이 대목에서 그 남자들에게는 있고 내게는 없는 것이 뭔지 안다고 주장하고 나설 테지만, 지성은 가랑이 사이에 있는 게 아니다. 당신이 설령 여성이 겪는 교묘한 예속에 관한 버지니아 울프(Virginia Woolf)의 유려하고 음악적인 문장들을 당신의 자지로 눈 위에 써내려갈 수 있다 해도 말이다. 그날 호텔 방으로 돌아온 나는 온라인을 좀 뒤져서 하원비미활동위원회의 역사에 관한 결정판 기록을 남긴 에릭 벤틀리(Eric Bentley, 브레히트 전문가로 유명한 문예비평가로 하원비미활동위원회에서 증언한 예술가·지식인의 발언을 엮어 『30년의 반역: 1938~68년 하원비미활동위원회 공청회 발췌』를 펴냈다)가 '평화를 위한 여성파업'은 "HUAC의 바스띠유를 함락시키는 데 있어서 결정적인 주먹을 날렸다"라고 공언한 대목을 찾아냈다. 1960년대 초에 말이다.

나중에 나는 『네이션』에 보내는 (제인 제이컵스Jane

23

Jacobs, 베티 프리던Betty Friedan, 레이철 카슨Rachel Carson에 관한) 글을 쓸 때 이 대화로 첫머리를 열었다. 자꾸 나를 가르치려 드는 불쾌한 남자들 중 한명에게 이렇게 공개적으로 말하고 싶은 마음도 있었다. "이봐요, 만일 이 글을 읽는다면 당신이 인류의 얼굴에 난 종기이자 문명의 장애물이란 사실을 알아둬요. 부끄러운 줄을 알아야지."

그동안 많은 여자들은 자꾸 여자를 가르치려 드는 남자들과의 싸움에서 짓밟혔다. 내 세대의 여자들은 물론이거니와 우리에게 더없이 간절한 미래 세대의 여자들도 그렇다. 여기 미국에서도 그렇고 파키스탄과 볼리비아와 자바에서도 그렇다. 하물며 우리 앞에 왔던 옛 세대의 무수한 여성들은 더 말할 필요도 없다. 그들은 실험실에 들어갈 수 없었으며 도서관에도, 대화에도, 혁명에도, 심지어 인간의 범주에도 들어갈 수 없었다.

애당초 여자들이 '평화를 위한 여성파업'을 꾸렸던 것도 1950년대의 반핵운동에서 자신들은 목소리를 내지 못하고 의사결정 역할도 맡지 못한 채 커피나 타고 타이핑이나 하는 게 지겨워서였다. 대부분의 여자들은 이중의 전선에서 싸우고 있다. 하나는 무엇이 되었든 문제의 주제에 관한 싸움이 벌어지는 전선이고, 다른 하나는 애초에 말할 권리, 생각할 권리, 사실과 진실을 안다고 인정받을 권리, 가치를 지닐 권리, 인간이 될 권리를 얻기 위해서 싸우는 전선이다. 오늘날은 예전보다 좀 사정이 낫지만, 그래도 이 전쟁은 내 생애에는 끝나지 않을 것이다. 나는 아직도 싸우고 있다. 물론 나 자신을 위해서지만, 할 말이 있는 모든 젊은 여성들을 위해서이기도 하다. 그들이 그 말을 할 수 있기를 바라는 마음으로.

〔2008〕

추신

2008년 3월 어느날 나는 저녁을 먹다가 예전에도 자주 그랬던 것처럼 '남자들은 자꾸 나를 가르치려 든다'라는 제목으로 글을 써야겠다는 농담을 꺼냈다. 모든 작가에게는 영원히 경주로에 나서지 않는 아이디어들의 마구간이 있기 마련이고, 나는 그중에서도 이 조랑말을 간간이 끌어내어 놀이 삼아 타곤 했다. 그런데 그때 마침 우리 집에 묵고 있던 탁월한 이론가 겸 활동가 마리나 씨트린(Marina

Sitrin)이 나더러 그 글을 꼭 써야 한다고 다그쳤다. 자기 여동생 쌤 같은 젊은 여자들이 그런 글을 꼭 읽어야 한다는 것이었다. 그들이 하찮은 취급을 당하는 것은 그들에게 어떤 숨은 결함이 있어서가 아니라는 사실을 그들도 알아야 한다는 것이었다. 그것은 예의 지겹고 오래된 젠더전쟁 때문이며, 여성인 사람들은 거의 대부분이 인생의 어느 시점에든 겪는 일이라는 사실을 말이다.

이튿날 아침 일찍, 나는 앉은자리에서 한달음에 글을 써 내려갔다. 글이 그처럼 빠르게 쓰일 때는 자기도 미처 알지 못한 머릿속 깊은 한구석에서 오래전부터 그것이 조직되고 있었던 게 분명하다. 글은 쓰이기를 바라고 있었다. 경주로에 나서고 싶어서 안달복달하고 있었다. 그러다가 내가 컴퓨터 앞에 앉자, 글은 쏜살같이 달려나갔다. 마리나는 나보다 더 늦게까지 잤기 때문에, 나는 아침식사에 맞춰서 글을 선보일 수 있었다. 그날 오후에는 '톰디스패치'(tomdispatch.com. '주류 미디어에 대한 정기 해독제'라는 모토를 걸고 여러 작가들의 기고문을 싣는 대안 블로그)의 톰 엥겔하르트(Tom Engelhardt)에게 글을 보냈고, 톰은 금방 그 글을 온라인에 게재했다. 톰의 웹사이트에 게재된 글들이 대개 그렇듯이 내 글은 빠르게 퍼졌다. 더구나 시간이 흐른 뒤에도 계속 다시 게재되고 공유되고 언급되면서 끊임없이 돌았다. 내가 이전에 쓴 어떤 글과도 비교가 안 될 만큼 널리 퍼졌다.

그 글은 사람들의 심금을 건드렸다. 신경도 건드렸다.

어떤 남자들은 남자들이 자꾸 여자를 가르치려 드는 것은 사실 젠더화된 현상으로 볼 수 없다고 말했다. 그러면 대개 여자들은 지적했다. 여자들이 제 입으로 직접 겪는다고 말한 경험을 기각할 권리가 자신에게 있다고 우긴다는 점에서, 그 남자들이야말로 내가 그들이 종종 그런다고 말한 바로 그 방식으로 여자들을 가르치려 드는 셈이라고. (확실히 밝혀두는데, 여자들도 이따금 남자를 포함한 다른 사람들을 가르치려 든다는 사실을 나도 잘 안다. 그러나 그것은 젠더 간 엄청난 힘의 격차가 악랄한 형태로 표출된 현상이라고는 볼 수 없거니와, 젠더의 사회적 작동방식에 드러나는 거시적 패턴을 반영한 현상도 아니다.)

그런가 하면 어떤 남자들은 내 말을 이해하고 차분하게 반응했다. 그도 그럴 것이, 내가 이 글을 쓰는 오늘날은 남성 페미니스트들의 존재감이 과거보다 더 커졌고 페미니즘이 과거보다 더 재미난 것이 된 시대니까 말이다. 그러나 모두가 그 재미를 아는 것은 아니었다. 2008년에 '톰디스패치'를 통해서 이메일이 한통 왔다. 인디애나폴리스에 사는 연상의 남자인 발신인은 자신은 "여성을 사적으로든 직업적으로든 푸대접한 적이 한번도 없다"라고 주장하면서 나더러 "좀더 정상적인 남자들과 어울려야 했고, 최소한 글을 쓰기 전에 조사라도 약간 해봤어야 했다"라고 질책했다. 그러고는 인생살이에 관한 조언을 몇가지 제공하면서 내게 '열등의식'이 있다고 지적했다. 그가 볼 때 남자들에게 가르침을 당하는 일은 여자 스스로가 선택하는 경험, 혹은 겪지 않기로 선택할 수도 있는 경험인 모양이었다. 그러니까 몽땅 내 잘못이라는 것이었다.

이후 '학계의 남자들은 자꾸 나를 가르치려 든다'라는 이름의 웹사이트가 생겼다. 대학에 몸담은 수백명의 여자들이 그동안 남자들에게 가르침당하고, 무시당하고, 말을 가로채인 경험을 그 웹사이트에서 공유했다. 또 내 글이 발표된 직후에 '맨스플레인'(mansplain)이라는 단어가 만들어졌는데, 가끔은 내가 그 말을 만든 사람으로 언급되기도 했다(남자man와 설명하다explain를 합한 신조어 '맨스플레인'은 남자들이 무턱대고 여자들에게 아는 척 설명하려 드는 현상을 가리키는 용어로, 2010년 『뉴욕 타임스』 올해의 단어로 꼽혔으며 2014년에는 『옥스퍼드 온라인 영어사전』에 실렸고 오스트레일리아에서도 2014년의 단어로 꼽혔다). 사실 나는 그 단어의 탄생과는 관계가 없다. 현실에서 그 개념을 구현한 남자들과 더불어 내 글이 그 단어의 탄생에 영감을 좀 준 것 같긴 하지만 말이다. (정작 나는 그 단어가 약간 미심쩍게 느껴지기 때문에 잘 쓰진 않는다. 그 단어는 모든 남자에게 그런 타고난 결함이 있다고 주장하는 것 같은 느낌인데, 실제로는 남자들 중에서도 일부가 가르치지 말아야 할 것을 가르치려 들고 들어야 할 말을 듣지 않으려는 것뿐이다. 혹시라도 본문에서 내 뜻이 명료하게 전달되지 않았을까봐 부연하자면, 나도 내가 흥미가 있지만 미처 몰랐던 사실에 대해서 그 내용을 잘 아는 상대가 설명해주는 것은 아주 좋아한다. 대화가 어긋나는 것은 내가 알고 상대가 모르는 것을 상대가 내게 가르치려 들 때다.) 2012년에는 '맨스플레인'이라는 단어가—『뉴욕 타임스』가 꼽은 2010년 '올해의 단어' 중 하나였다—주류 정치 저널리즘에서도 쓰이게 되었다.

아, 안타깝게도 그것은 시기가 교묘하게 맞아떨어진 탓

이었다. 내 글은 2012년 8월에 '톰디스패치'에 실렸는데, 공교롭게도 거의 동시에 (공화당 소속 미주리 주) 하원의원 토드 어킨(Todd Akin)이 악명 높은 문제의 발언을 했다. "법적인 강간 상황에서는 여성의 몸이 기능을 차단하려고 노력하기 때문에" 강간으로 임신한 여자들에게는 낙태를 허락할 필요가 없다는 말이었다. 그해 선거 기간에는 강간을 옹호하고 사실을 무시하는 남성 보수주의자들의 정신나간 발언이 잔뜩 쏟아졌다. 페미니즘이 왜 필요한지, 저런 남자들이 왜 무서운지 지적하는 페미니스트들의 발언도 잔뜩 쏟아졌다. 나 또한 그 대화에 참여할 수 있어서 좋았다. 내 글은 다시 살아나서 엄청나게 퍼졌다.

심금을 울린 글, 신경을 건드린 글. 그 글은 지금도 여기저기에서 돌고 있다. 내가 그 글에서 말하고 싶었던 요지는 나 자신이 유달리 많은 억압을 겪고 있다고 주장하는 것이 아니었다. 내가 경험한 종류의 대화들이 남자들에게는 공간을 열어주되 여자들에게는 닫아버리는 쐐기처럼 작용한다는 사실을 지적하고 싶었을 뿐이다. 발언할 공간, 경청될 공간, 권리를 지닐 공간, 참여할 공간, 존중받을 공간, 온전하고 자유로운 한 인간이 될 공간을. 이런 현상은 점잖은 대화에서 권력이 표현되는 한 방식이다. 점잖지 않은 대화에서, 물리적 협박과 폭행에서, 또한 너무나도 자주 세상의 조직방식에서마저도. 여성을 동등한 존재로서, 참여자로서, 권리를 지닌 인간으로서, 심지어는 너무나도 자주 살아 있는 존재로서마저도 받아들이기를 거부한 채 침묵시키고 지워내고 제거하려는 바로 그 권력 말이다.

여성도 생명권, 자유권, 문화와 정치에 관여할 권리를 지닌 인간이라는 사실을 인식시키려는 싸움은 여전히 진행되고 있다. 이 싸움은 가끔은 퍽 암울하다. 내가 「남자들은 자꾸 나를 가르치려 든다」를 쓰면서 스스로도 놀란 점은, 처음에는 재미난 일화로 시작한 글이 결국에는 강간과 살인을 이야기하면서 끝났다는 것이었다. 덕분에 나는 여성이 사회에서 겪는 사소한 괴로움, 폭력으로 강요된 침묵, 그리고 폭력에 의한 죽음이 모두 하나로 이어진 연속선상의 현상들이라는 사실을 똑똑히 깨달았다(그리고 우리가 여성 혐오와 여성에 대한 폭력을 더 잘 이해하려면 힘의 오용을 총체적으로 바라보아야만 한다. 가정폭력을 강간, 살인, 성희롱, 협박과 별개의 문제로 취급하지 말아야 하고, 온라인과 가정과 직장과 거리를 전부 아울러야 한다. 그렇게 전체를 보아야만 패턴이 뚜렷해진다).

자신의 모습을 드러내어 발언할 권리는 우리의 생존과 존엄과 자유에 기본이 되는 조건이다. 나는 한때 폭력적인 방식으로까지 침묵을 강요당했지만 이제는 내 목소리를 갖게 된 데 감사하며, 그렇기 때문에라도 언제까지나 목소리 없는 사람들의 권리에 결속할 수밖에 없을 것이다.

MANSPLAIN 2

가장 긴 전쟁

여기 미국에서, 그러니까 6.2분마다 한번씩 경찰에 신고되는 강간이 벌어지고 여성 다섯명 중 한명은 살면서 강간을 당하는 이 나라에서, 2012년 12월 16일에 인도 뉴델리에서 젊은 여성 버스 승객이 강간당한 뒤 끔찍하게 살해된 사건은 이례적일 정도로 특별한 일로 취급되었다. 오하이오 주 스튜번빌 고등학교에서 풋볼팀 선수들이 의식을 잃은 십대 여자아이를 성폭행한 사건이 한창 밝혀지는 중이었고, 집단성폭행은 미국에서도 그다지 드문 일이 아님에도 말이다. 얼마든지 들 수 있다. 텍사스 주 클리블랜드에서 열한살 소녀를 집단성폭행했던 남자 스무명 중 몇명이 그 직전에 유죄 선고를 받았다. 캘리포니아 주 리치먼드에서 열여섯살 소녀의 집단성폭행을 주동한 남자 역시 2012년 가을에 선고를 받았다. 뉴올리언스 인근에서 열네살 소녀를 집단성폭행했던 남자 네명은 작년(2012) 4월에 선고를 받았다. 역시 작년에 시카고에서 열네살 소녀를 집단성폭행한 남자 여섯명은 아직 붙잡히지 않은 상태다. 내가 일부러 이런 사건들만 찾아다닌 것은 아니다. 이런 사건은 뉴스에 시도 때도 없이 나온다. 다만 그런 사건들을 다 합쳐서 여기에 사실은 모종의 패턴이 있을지도 모른다고 말하는 사람이 아무도 없을 뿐이다.

실제로 여기에는 여성에 대한 폭력이라는 패턴이 있다. 이 패턴은 광범위하고 뿌리 깊고 끔찍하지만 지속적으로 간과되어왔다. 가끔 유명인이 연루된 사건 혹은 특정 사건의 선정적인 측면에 미디어가 대대적인 관심을 쏟기는 하지만, 그들은 그런 사건을 예외로 취급할 뿐이다. 여성에 대한 일상적인 폭력사건은 이 나라에서, 다른 나라들에서, 남극을 포함한 모든 대륙에서 벌어지며 그 수가 엄청나게 많음에도 불구하고, 뉴스의 배경에 드리운 벽지처럼 취급된다.

집단성폭행이 아니라 버스 강간을 이야기하고 싶다면, 역시 작년 11월 로스앤젤레스의 버스에서 발달장애가 있는 여성이 강간당한 사건이 있었다. 캘리포니아 주 오클랜드의 도심 순환열차 역에서 자폐증이 있는 열여섯살 여자아이가 납치된 사건도 있었고—납치범은 작년 겨울에 이틀 동안 그 여자아이를 억류하고서 여러차례 강간했다—최근에 멕시코시티에서 버스에 탄 여성 승객 여러명이 집단성폭행을 당한 사건도 있었다. 이 글을 쓰는 동안, 인도에서 또다른 버스 운전사와 그의 친구 다섯명이 또다른 여성 승객을 납치해 집단성폭행 했다는 뉴스를 읽었다. 아마 그들은 뉴델리에서 벌어졌던 일이 끝내준다고 생각했던 모양이다.

이 나라와 이 지구에서는 여성에 대한 강간과 폭력이 엄청나게 많이 발생하지만, 그 사건들이 시민권 문제나 인권 문제로, 혹은 위기로, 혹은 하나의 패턴으로 다뤄지는 경우는 거의 없다. 폭력에는 인종도 계급도 종교도 국적도 없다. 그러나 젠더는 있다.

이 대목에서 한가지 사실을 밝혀두고자 한다. 그런 범죄를 저지르는 사람이 사실상 거의 전부 남자이기는 해도,

그렇다고 해서 모든 남자가 폭력적이라는 말은 아니다. 대부분은 그렇지 않다. 게다가 남자들도 분명 폭력을 겪는다. 주로 다른 남자가 가하는 폭력을. 또한 모든 폭력적 죽음은, 모든 폭행은 다 끔찍하다. 여자들도 친밀한 파트너에게 폭력을 행사할 수 있고, 실제로 행사한다. 그러나 최근의 여러 조사에 따르면 여자의 폭력은 심각한 부상으로 귀결되는 경우가 드물고, 하물며 죽음으로 귀결되는 경우는 더더욱 드물다. 한편 남자가 파트너에게 살해될 때는 여자의 정당방어인 경우가 많은데, 수많은 여자들이 친밀한 상대의 폭력으로 병원이나 무덤까지 간다. 어쨌든 지금 이 글의 주제는 남성이 여성에게 가하는 폭력이 유행병처럼 만연해 있다는 사실이다. 친밀한 상대의 폭력과 낯선 사람의 폭력이 모두.

젠더를 말하지 않을 때 우리가 이야기하지 않는 것

그런 일은 너무나 많다. 2012년 9월에 맨해튼의 쎈트럴파크에서 일흔세살 여성이 폭행과 강간을 당한 사건이 있었고, 최근에 루이지애나에서 네살 여자아이와 여든세살 여성이 강간당한 사건도 있었고, 2012년 10월에 뉴욕 시에서 여자를 납치해 강간한 뒤 요리해서 먹으려고 진지하게 계획하던 경찰관이 체포된 사건도 있었다. 그 경찰관은 아무 여자나 그럴 생각이었다. 특정 개인에 대한 분노가 아니었으니까(같은 해 11월에 쌘디에이고에서 실제로 아내를 죽여서 요리해 먹은 남자와 2005년에 뉴올리언스에서 여자친구를 죽여 해체해 요리해 먹은 남자의 경우에는 분명 개인적인 분노였던 것 같지만 말이다).

이런 사건들은 모두 예외적인 범죄였지만, 일상적인 폭행도 얼마든지 이야기할 수 있다. 미국에서 강간은 6.2분마다 한건씩 신고되지만 총 발생 건수는 그 다섯배는 되리라고 추측된다. 그 말은 미국에서 거의 1분마다 한건씩 강간이 발생할지도 모른다는 뜻이다. 그 사건들의 피해자를 다 더하면 수천만명이 된다. 여러분이 아는 여자들 중에서 적잖은 비율이 그런 생존자들이다.

고등학교나 대학교의 운동선수들에 의한 강간 혹은 캠퍼스 강간도 있다. 이런 사건에 대응하는 대학 당국의 자세는 끔찍하리만치 무관심할 때가 많다. 예의 스튜번빌 고등학교나 노트르담 대학, 애머스트 칼리지, 그밖에도 많은 학교들이 그랬다. 미국 군대에서 점증하는 유행병처럼 퍼진 강간, 성폭행, 성희롱은 또 어떤가. 국방장관 리언 패네타(Leon Panetta)에 따르면 2010년 한해에만 동료 군인에 의한 성폭행이 19,000건 벌어졌는데, 폭행범 중 대다수는 처벌을 면했다. 그해 9월에 육군 준장 제프리 씽클레어(Jeffrey Sinclair)는 '여성들에 대한 다수의 성범죄'로 기소되었지만 말이다.

직장 내 폭력은 말도 말자. 가정으로 가보자. 하도 많은 남자들이 현재 배우자나 옛 배우자를 살해하기 때문에 이런 종류의 살인이 매년 1,000건을 훌쩍 넘는다. 그렇다면 그로 인한 희생자 수가 매 3년마다 9·11 사건의 사망자 수를 넘는다는 뜻인데, 이런 종류의 테러에 대해서는 누구도 전쟁을 선포하지 않는다. (혹은 이렇게도 표현할 수 있다. 9·11 사건부터 2012년까지 가정폭력 누적 사망자 수는 11,766명이 넘으니, 9·11 사건 희생자와 그에 뒤이은 '테러와의 전쟁'에서 사망한 미군 병사의 수를 다 합한 것보다도 더 많다.) 만일 우리가 그런 종류의 범죄에 대해서, 그리고 왜 그런 범죄가 그렇게 흔한지에 대해서 말하자면, 우리는 우리 사회에, 혹은 우리 나라에, 혹은 거의 모든 다른 나라들에 어떤 심오한 변화가 필요한지도 함께 이야기하지 않을 수 없을 것이다. 만일 우리가 그런 이야기를 나눈다면, 우리는 남성성에 대해서, 혹은 남성의 역할에 대해서, 더 나아가 아마 가부장제에 대해서도 이야기하게 될 것이다. 그러나 우리는 그런 이야기를 별로 나누지 않는다.

그 대신 사람들은 미국 남자들이 남을 살해한 뒤 자살을 저지르는 일은—일주일에 약 12건씩 벌어진다—경기가 나쁘기 때문이라고 말한다. 사실 남자들은 경기가 좋을 때도 그러는데 말이다. 사람들은 또 인도에서 남자들이 버스 승객을 죽인 것은 가난한 자들이 부자들을 미워하기 때문이라고 설명하고, 인도에서 벌어진 다른 강간들에 대해서는 부자들이 가난한 자들을 착취하기 때문이라고 설명한다. 그러고도 부족한지 언제나 인기있는 또다른 설명이 있다. 가해자의 정신적 문제나 중독성 물질 때문이라는 것이다. 운동선수들에게는 머리 부상이라는 변명도 있다. 제일 최근에 등장한 신선한 설명은 납중독이 미국인 폭력성의 원인으로 크게 작용했다는 가설인데, 다만 두 성이 모두 납에 노출되는데 어째서 한쪽 성이 대부분의 폭력을 저지르는가 하는 점에 대해서는 설명이 없다. 폭력의 유행병은 늘 젠더가 아닌 다른 것으로 설명된다. 모든 설명들 중에서 가장 광범위한 설명력을 지닌 것으로 보이는 요인을 쏙 뺀 다른 요인들로만.

누군가 미국에서 대량살인은 늘 백인 남성이 저지르는 것처럼 보인다고 지적하는 글을 썼는데, 그 글에 (대체로 적대적인) 댓글을 남긴 독자들은 오로지 백인 부분에만 주목하는 것 같았다(인종·젠더·문화비평 전공 워싱턴 주립대학 부교수 데이비드 J. 레너드가 쓴 글 "The Unbearable Invisibility of White Masculinity"를 가리킨다. gawker.com 참조). 비록 더없이 건조한 문장이기는 해도 다음과 같은 의학연구 보고서의 문장이 말하는 바를 현실에서 말하는 사람은 극히 드물다. "남성이라는 성별은 출생 전 담배 연기에 노출된 것, 반사회적 부모를 둔 것, 가난한 가정에 소속된 것과 더불어 폭력적 범죄행동을 유발하는 위험인자 중 하나인 것으로 여러 조사에서 확인되었다."

내가 남자들을 비난하고 싶어서 이러는 건 아니다. 다만 전반적으로 여성이 남성보다 현격하게 덜 폭력적이라는 사실을 깨닫는다면 우리가 폭력의 기원과 대처법에 대한 이론을 훨씬 더 생산적으로 구축할 수 있으리라고 믿기 때문이다. 미국에서 총을 쉽게 구할 수 있다는 점은 분명히 큰 문제지만, 누구나 총기에 접근할 수 있음에도 불구하고 여전히 살인의 90%는 남성이 저지른다.

패턴은 명명백백하다. 게다가 이 패턴은 전지구적으로도 논할 수 있다. 카이로의 타흐리르 광장에 만연했던 여성에 대한 폭행, 희롱, 강간을 떠올려보라. 그 때문에 여자들은 이른바 '아랍의 봄' 기간에 시위대가 칭송했던 바로 그 가치인 자유를 빼앗겼고, 일부 남자들은 그런 폭력에 맞서기 위한 보호팀을 꾸렸다(2011년 '아랍의 봄' 이후 민주화운동의 상징이 된 타흐리르 광장에서 남성 시위자들이 여성 시위자·기자에 대해 100건이 넘는 집단성폭행, 성추행, 성희롱을 벌였다). 또는 '이브 골리기'에서 신부 살해까지, 인도에서 여성들에게 공적으로나 사적으로 가해지는 박해를 떠올려보라(인도에서는 공공장소에서 남자들이 지나가는 여자를 성희롱하는 것을 완곡하게 '이브 골리기' 혹은 '이브 놀리기'라고 한다). 또는 남아시아와 중동에서 자행되는 '명예살인'을 떠올려보라. 또는 작년 한해에만 60만건의 강간이 벌어졌다고 추산되는 남아프리카공화국이 강간의 세계적 수도가 되었다는 사실을 떠올려보라. 또는 말리, 수단, 콩고민주공화국이 옛 유고슬라비아처럼 강간을 전쟁의 전술이자 '무기'로 사용해왔다는 점을 떠올려보라. 또는 멕시코에서 만연한 강간과 성희롱, 후아레스 지역의 여성 연쇄살인을 떠올려보라(1993년부터 지금까지 후아레스 지역에서는 400명에 가까운 여성이 강간, 고문, 절단을 당한 뒤 살해된 시체로 발견되어 세계적 관심을 끌었다). 또는 사우디아라비아에서 여성의 기본권이 부정되고 있으며 수많은 이민자 출신 가사노동자들이 성폭행을 겪는다는 사실을 떠올려보라. 또는 미국에서 벌어진 도미니끄 스트로스깐(Dominique Strauss-Kahn) 사건으로 말미암아 그동안 그를 비롯한 권력자들이 프랑스에서 어떤 면책권을 누려왔는지가 백일하에 드러났다는 사실을 떠올려보라(2011년 5월 뉴욕에서 도미니끄 스트로스깐은 호텔 직원 강간 혐의로 고발되었다. 이 책 3장에서 상술). 영국과 캐나다와 이딸리아(전 총리가 미성년자들과의 난교를 즐겼던 것으로 유명한 나라)를, 아르헨띠나와 오스트레일리아와 그밖에도 하고많은 나라들을 빼놓은 것은 그저 지면이 부족해서일 뿐이다.

당신을 죽일 권리가 누구에게 있는가?

하지만 여러분이 이제 통계에는 싫증이 났을지도 모르니, 구체적으로 하나의 사건을 들어 말해보자. 내가 이 글을 쓰려고 자료를 조사하던 2013년 1월에 우리 도시에서 벌어진 일인데, 같은 달에 지역 신문에는 남자가 여자를 폭행한 이런 사건이 이외에도 여러건 실렸다.

지난 월요일 밤 쌘프란시스코 텐더로인에서 길을 걷던 여성이 어느 남성의 성적 접근을 거절한 뒤 칼에 찔렸다고 경찰 대변인이 오늘 밝혔다. 경찰 대변인 앨비 에스파저 경관에 따르면, 33세의 피해자가 길을 걷던 중 낯선 남자가 다가와서 집적거렸고, 피해자가 남자를 거부하자 남자는 몹시 흥분하여 피해자의 얼굴을 때리고 팔을 칼로 찔렀다.

그 남자는 자신이 고른 피해자에게는 아무런 권리도 자유도 없지만 자신에게는 그녀를 통제하고 처벌할 권리가 있다는 사고방식을 갖고 있었던 셈이다. 이 대목에서 우리는 폭력은 무엇보다도 일단 권위주의적이라는 사실을 상기해야 한다. 폭력은 내게 상대를 통제할 권리가 있다는 전제에서 시작한다.

살인은 그런 권위주의의 극단적 형태다. 살인자는 당신

이 죽을지 살지 결정할 권리는 자신에게 있다고 살인을 통해서 단언하는 셈이다. 이것은 타인을 통제하는 궁극의 수단이다. 설령 당신이 고분고분하게 굴더라도 아무 소용없을지 모르는데, 통제의 욕망은 순종으로는 좀처럼 달래기 힘든 격렬한 분노에서 나오기 때문이다. 그 행위의 이면에 모종의 두려움과 취약함이 깔려 있을지라도, 아무튼 그런 행위는 타인에게 괴로움을, 더 나아가 죽음을 부여할 자격이 자신에게 있다는 생각에서 나오기 마련이다. 그런 의식이 범인도 피해자도 비참하게 만든다.

우리 도시에서 벌어진 사건을 말하자면, 비슷한 일이 노상 벌어진다. 내가 지금보다 젊었을 때는 나도 그런 일을 여러 형태로 겪었다. 드물게는 살해 협박까지 따랐고, 음담패설이 쏟아지는 경우는 꽤 잦았다. 남자는 욕망과 그 욕망이 퇴짜 맞을지도 모른다는 노여운 전망을 함께 품고서 여자에게 접근한다. 분노와 욕망은 늘 함께 존재하며, 두가지가 마구 뒤엉켜 한덩어리가 된 상태에서는 언제든 에로스가 타나토스로, 사랑이 죽음으로 바뀔지 모르는 위험이 존재한다. 가끔은 정말 말 그대로 된다.

이것은 통제의 체계다. 친밀한 파트너에 의한 살인에서

감히 그와 헤어지려고 한 여성이 피해자인 경우가 그렇게 많은 이유도 바로 이것이다. 그렇다보니 수많은 여성이 그 체계에 갇힌다. 누군가는 1월 7일에 텐더로인에서 여자를 공격한 남자나 1월 5일에 우리 동네에서 잔인한 강간을 시도한 미수범이나 1월 12일에 역시 이곳에서 강간을 저지른 남자나 1월 6일에 쌘프란시스코에서 여자친구가 자기 빨래를 안 해준다는 이유로 그녀의 몸에 불을 붙인 남자나 2011년 말에 쌘프란시스코에서 유달리 폭력적인 강간을 여러건 저지른 댓가로 얼마 전에 370년 형을 선고받은 남자 같은 사람들은 다들 사회의 주변부 인간이 아니냐고 말할지도 모르겠지만, 사실은 부유하고 유명한 특권층 남자들도 그런 짓을 저지른다.

2012년 9월, 쌘프란시스코의 일본 부영사는 12건의 배우자 학대 및 흉기를 동원한 폭행을 저지른 죄목으로 고발당했다. 같은 달에 같은 도시에서 메이슨 메이어(Mason Mayer, 야후의 CEO 머리사 메이어Marissa Mayer의 남동생이다)의 전 여자친구는 법정에서 이렇게 증언했다. "그는 내 귀고리를 뜯어내고 속눈썹을 잡아떼고 얼굴에 침을 뱉으면서 네가 얼마나 사랑스럽지 못한 여자인지 아느냐고 말했습니다. … 나는 태아처럼 웅크린 자세로 바닥에 누워 있었는데, 내가 움직이려고 하면 그가 자기 두 무릎으로 내 양 옆구리를 더 세게 조이면서 나를 가두고 뺨을 때렸습니다." 『쌘프란시스코 크로니클』의 비비언 호(Vivian Ho) 기자에 따르면 그녀의 증언에는 이런 내용도 있었다. "메이어는 그녀의 머리를 바닥에 연거푸 찧고 머리카락도 몇움큼 잡아뜯었다. 그러면서 말하기를, 그녀가 살아서 집을 나가는 유일한 방법은 자신이 그녀를 차에 태워서 골든게이트 다리로 데려가는 것뿐이고 거기서 그녀는 '스스로 뛰어내리거나 내 손에 떠밀릴 것'이라고 했다." 메이슨 메이어는 보호관찰처분을 받았다.

그전해 여름에는 별거 중인 어떤 남편이 법원에서 받은 금지명령을 어기고서 밀워키 교외의 아내 직장으로 찾아가 아내를 총으로 쏘았는데——더불어 다른 여자 여섯명이 죽거나 다쳤다——당시는 미국에서 그보다 더 엄청난 대량 살상이 워낙 많이 벌어진 해였는지라 언론은 시신이 네구밖에 나오지 않은 그 사건을 거들떠보지도 않았다(그리고 지난 30년 동안 미국에서 벌어진 62건의 대량 총격 살인사건 중에서 여자가 저지른 사건은 한건뿐이라는 사실은 아직까지 한번도 제대로 이야기된 적이 없다. 사람들은 **총기를 소지한 단독범**lone gunman이라고 하면 단독범이나 총잡이에 대해서만 말할 뿐 그가 남자라는 사실은 말하지 않는다(lone gunman은 대량 총격 살인범을 지칭하는 상투적 표현으로, 여기에 이미 남자man라는 단어가 들어가 있음에도 불구하고 사람들은 이를 무시한다는 이야기다). 부연하자면, 총에 맞아 죽은 여성들의 3분의 2 가까이는 현 파트너나 전 파트너에게 살해되었다).

 "이게 무슨 사랑이에요?"라고 물었던 티나 터너(Tina Turner)의 전 남편 아이크(Ike)는 이렇게 말한 적이 있다('이게 무슨 사랑이에요?'What's Love Got to Do with It는 티나 터너의 1984년 히트곡 제목이자 전기영화 제목이다). "그래요, 나는 아내를 때렸습니다. 하지만 보통 남자들이 자기 아내를 때리는 것보다 더 많이 때리진 않았습니다." 이 나라에서는 9초마다 한번씩 여자가 구타당한다. 확실히 짚어두는데, 9분이 아니라 9초. 배우자의 폭행은 미국 여성의 부상원인 중 첫번째다. 질병통제센터에 따르면, 매년 발생하는 그런 부상자 200만명 가운데 50만명 이상은 의료 처치를 받아야 하고 145,000명 가량은 입원해야 한다. 사후에 치과 치료를 받아야 하는 여성이 얼마나 되는지는 차라리 모르는 편이 낫겠다. 미국 임신부의 사망원인 중 수위에 꼽히는 것 또한 배우자 폭행이다.

우리 세상을 가르는 간극

강간을 비롯한 폭력적인 행동들, 극단적으로는 살인에까지 이르며 폭력을 쓰겠다는 위협까지 포함하는 이 모든 행동은 일부 남자들이 일부 여자들을 통제하려는 시도로 펼치는 방어막에 해당한다. 대부분의 여자들은 그런 폭력이 두려워 스스로를 제약하며, 그러다보면 자신도 익숙해져서 그런 상황을 거의 의식하지 못하게 된다. 우리도 그런 상황을 거의 이야기하지 않는다. 예외가 있긴 하다. 지난여름, 누군가가 내게 편지를 보내 대학 수업에서 있었던 일을 들려주었다. 강사는 학생들에게 스스로를 강간으로부터 보호하기 위해서 어떤 조치들을 취하는지 말해보라고 했다. 젊은 여학생들은 자신이 늘 교묘한 방식으로 경계하고, 세상에 대한 접근을 제한하고, 사전에 조심하며, 기본적으로 아주 자주 강간에 대해 생각한다고 말했다(내게 글을 쓴 남자가 덧붙이기를, 남학생들은 그런 이야기를 듣고서 어안이 벙벙한 모습이었다고 한다). 그들의 세상을 가르는 간극이 일순간이나마 갑자기 가시화된 순간이었다.

그러나 우리는 보통은 그런 이야기를 하지 않는 편이다. 인터넷에서 '강간을 피하는 열가지 요령'이라는 그래픽이 도는 것을 본 적이 있는데, 이런 조언은 대개 젊은 여자들이 너무나 자주 접하는 뻔한 내용이지만, 이 그래픽에는 전복적인 반전이 있었다. 이를테면 이런 거였다. "호루라기를 갖고 다니세요! 당신이 '실수로' 누군가를 공격할지도 모른다는 걱정이 들면 주변 사람들에게 호루라기를 건네어 그들이 도움을 구하도록 할 수 있으니까요."(여느 강간 대처 요령을 비꼰 이 그래픽의 열가지 조언은 다음과 같다. 1. 여자의 음료에 약을 타지 말 것. 2. 혼자 걷는 여자를 보면 가만히 내버려둘 것. 3. 차가 고장난 여자 운전자를 도울 때는 그녀를 강간하지 말 것. 4. 여자가 승강기에 탔을 때 강간하지 말 것. 5. 부서진 문이나 창문으로 여자의 집에 숨어들어 강간하지 말 것. 6. 여자를 공격하지 않고 못 배긴다면 늘 친구를 대동하고 나다닐 것. 7. 잠들었거나 의식을 잃은 사람과의 관계는 섹스가 아니라 강간임을 명심할 것. 8. 호루라기를 갖고 다닐 것. 9. 정직이 최선임을 명심하여, 데이트하는 여자를 강간할 생각일 때는 그렇다고 솔직히 말할 것. 10. 강간하지 말 것.) 물론 우스갯소리지만, 이 말은 사실 끔찍한 현실을 지적하고 있다. 여느 지침들은 그런 상황에 대해서 조언할 때 예방의 책임을 전적으로 잠재적 피해자에게만 지움으로써 폭력을 기정사실화한다는 점이다. 대학은 여학생들에게 공격자로부터 살아남는 방법을 알려주는 데 집중할 뿐 나머지 절반의 학생들에게 공격자가 되지 말라고 이르는 일에는 별로 신경 쓰지 않는데, 여기에는 합당한 이유가 전혀 없다(나쁜 이유는 아주 많다).

요즘은 온라인에서도 성폭행 위협이 꾸준히 등장하는 듯하다. 2011년 말, 영국의 칼럼니스트 로리 페니(Laurie Penny)는 이렇게 썼다.

의견이란 인터넷의 미니스커트인 모양이다. 어떤 의견을 품고 그것을 내보이는 것은 거의 전적으로 남자들로 구성된 실체가 모호한 키보드 워리어 무리에게 당신을 강간하고 싶다고, 죽이고 싶다고, 몸에 오줌을 싸고 싶다고 말해 달라고 요청하는 짓인 모양이다. 나는 이번 주에 유별나게 추악한 협박을 잔뜩 받은 뒤, 그런 메시지 중에서 몇개를 골라서 트위터에 공개하기로 결정했다. 사람들의 반응은 어마어마했다. 많은 사람들은 내게 이런 증오가 쏟아진다는 사실을 다 믿지 못했으며, 더 많은 사람들은 자신이 겪은 희롱, 협박, 욕설을 공유하기 시작했다.

온라인 게임 커뮤니티의 여성들은 그동안 줄곧 희롱과 위협을 겪어왔고, 쫓겨나기도 했다. 그런 사건들을 기록하는 작업을 해온 페미니스트 미디어비평가 애니타 싸키시언(Anita Sarkeesian)은 지지도 많이 받았지만, 어느 저널리스트의 말을 빌리자면 "정말로 공격적이고 폭력적이고 개인적인 협박도 넘치도록 받았다. 누군가는 그녀의 계정을 해킹하려고 했다. 온타리오의 한 남자는 화면에 뜬 애니타의 모습을 주먹으로 때리는 온라인 게임까지 만들었다. 여러번 때리면 애니타의 얼굴에 멍과 상처가 나타난다." 이런 온라인 게이머들과, 파키스탄 여성의 교육권을 공개적으로 주장했다는 이유로 지난 10월에 열네살 소녀 말랄라 유사프자이(Malala Yousafzay)를 살해하려 했던 탈리반 남자들의 차이는 딱 한단계일 뿐, 여성이 목소리와 힘과 참여할 권리를 요구한다는 이유로 여성을 침묵시키고 처벌하려 한다는 점에서는 서로 다르지 않다. 마니스탄에 오신 것을 환영한다(미국 작가 데버러 로드리게즈가 아프가니스탄 카불에서 지낸 경험을 기록한 『카불 미용학교』*The Kabul Beauty School*에서 나온 말로, 주인공은 아프가니스탄이 지나치게 남성 위주 사회라는 의미에서 '맨man'을 붙여 '마니스탄'으로 부르겠다고 선언한다).

강간범의 권리를 보호하려는 사람들

공적 영역, 사적 영역, 온라인만 그런 것이 아니다. 문제는 우리 정치체계와 사법체계에도 박혀 있다. 그 체계들은 페미니스트들이 우리를 위해 싸우기 전까지는 대부분의 가정폭력을 인정하지 않았고, 성희롱과 스토킹도, 데이트 강간도, 아는 사람에 의한 강간도, 부부 강간도 인정하지 않았다. 요즘도 강간에 대해서는 강간범이 아니라 피해자를 단죄하려는 경우가 많다. 마치 완벽한 처녀만이 성폭행을 당할 수 있다는 듯이, 또는 완벽한 처녀의 말만 믿을 수 있다는 듯이.

2012년 선거운동 기간에 보았듯이, 그런 생각은 정치인들의 머리와 입에도 박혀 있다. 지난 여름과 가을에 공화당 정치인들이 강간을 옹호하는 헛소리를 숱하게 내뱉었던 것을 떠올려보라. 시작은 악명 높은 토드 어킨이었다. 그는 여성의 몸에는 강간을 당할 경우 임신을 막아주는 기능이 있다고 주장했는데, 그가 그렇게 말한 것은 여성에게 자신의 신체에 대한 통제권이 (강간으로 임신한 경우 낙태할 수 있는 권리의 형태로) 있다는 사실을 부정하기 위해서였다. 그후 상원의원 후보자 리처드 머독(Richard Murdock)은 강간 임신을 "신이 준 선물"이라고 주장했고, 직후에 또다른 공화당 정치인도 어킨을 변호하고 나섰다(조지아 주 하원의원 필 깅그리로, 산부인과 의사이기도 한 깅그리는 자신의 경험으로 보아도 어킨의 말은 부분적으로 옳다고 발언했다).

기쁘게도, 2012년 선거에서 공공연히 강간을 옹호한 공화당 정치인 다섯명은 모두 떨어졌다(앞서 언급된 토드 어킨, 리처드 머독과 더불어, 가톨릭 병원은 강간 임신자에게 응급 피임을 해주지 말아야 한다고 말한 린다 맥머혼, 강간으로 인한 임신과 혼외 임신은 비슷한 것이라고 발언한 톰 스미스, 강간 임신자에게 낙태권을 주면 여성에 대한 폭력이 더 만연할 것이라고 말한 존 코스터 등이다). (스티븐 콜베어Stephen Colbert(2005~14년 TV 정치풍자 프로그램 「콜베어 르뽀」를 진행했던 코미디언)는 그들에게 여성이 이미

1920년부터 참정권을 확보했다는 사실을 알려주려고 했다.) 그러나 문제는 그들이 쓰레기 같은 말을 한 것(그래서 지금 댓가를 치른다는 것)만이 아니다. 공화당 의원들은 '여성에 대한 폭력 방지법'을 재승인하기를 거부했는데, 왜냐하면 그 법률이 이민자, 트랜스젠더 여성, 아메리카원주민 여성까지 보호하는 데 반대하기 때문이다(1994년 처음 도입된 '여성에 대한 폭력 방지법'Violence Against Women Act은 가정 폭력과 스토킹 등 여성에 대한 폭력의 피해자들을 보호하는 데 재원을 투자하도록 규정한 법이지만, 이후 개정을 거쳐 남성 피해자도 혜택을 받을 수 있게 되었다. 동성 커플과 임시 거주 이민자에 대해서도 혜택을 주도록 하는 데 대해 공화당 의원들이 반대하여 2012년 재승인 과정에서 진통을 겪었으나 결국 2013년에 재승인되었다). (만연한 강간에 대해서 좀더 말하자면, 아메리카원주민 여성 세명 중 한명은 강간을 당하고, 보호거주지에서 벌어지는 강간의 88%는 원주민 정부가 자신을 고발하지 못한다는 사실을 잘 아는 비원주민 남성에 의해 저질러진다. 강간이 욕정의 범죄라는 말은 그만하라. 이런 강간은 계산된 기회주의적 범죄다.)

그들은 생식권을 훼손하는 일에도 나섰다. 낙태뿐 아니

라 피임에도 손대려는 것인데, 이는 그들이 이미 지난 십여년 동안 여러 주에서 상당히 효과적으로 밀어붙여온 일이었다. 이때 '생식권'이란 물론 여성이 자신의 신체를 통제할 권리를 말한다. 앞에서 내가 여성에 대한 폭력은 통제의 문제라고 말하지 않았던가?

강간사건을 사무적으로나마 수사하는 경우도 가끔 있지만―미국에서는 강간 검사 키트가 40만개쯤 밀려 있다―피해자를 임신시킨 강간범에게 친권을 부여하는 주가 31개나 된다. 그리고 참, 예전에 부통령 후보자였으며 현재 (공화당 소속 마니스탄 주) 하원의원인 폴 라이언(Paul Ryan)은 주정부에 낙태를 금지할 권한을 부여하고 심지어 강간범이 낙태한 피해자를 고소하는 것까지도 허락하는 법안을 재도입하려는 중이다.

비난받지 않을 사람들

물론 여성도 온갖 심각하게 불쾌한 짓을 저지를 수 있고, 여성이 폭력적인 범죄를 저지르는 경우도 있지만, 실제 폭력에 관해서라면 이른바 성(性)의 전쟁은 유달리 일방적이다. 국제통화기금(IMF)의 현임 (여성) 총재는 전임

(남성) 총재와는 달리 고급 호텔에서 직원을 성폭행하지 않을 것이고, 미국 군대의 고위 여성 장교들은 남성 장교들과는 달리 성폭행으로 고발된 일이 없으며, 스튜번빌의 남성 풋볼 선수들과는 달리 젊은 여성 운동선수들은 의식을 잃은 남자아이의 몸에 소변을 볼 것 같지 않거니와, 남자아이를 겁탈한 뒤 그 사실을 유튜브와 트위터에서 동영상과 글로 떠벌리는 일은 더더욱 하지 않을 것 같다.

인도에서 여성 버스 운전사가 친구들과 작당해 남성 승객을 심하게 성폭행함으로써 피해자가 그 후유증으로 사망하는 사건은 한번도 없었고, 카이로의 타흐리르 광장에서 여자들이 떼로 몰려다니면서 남자들을 습격함으로써 뭇 남성들을 공포에 떨게 한 일도 없었으며, 전체 강간 사건의 11%를 차지하는 친아버지나 의붓아버지의 강간에 대응하는 어머니들의 강간은 없다. 미국의 수감자들 가운데 93.5%는 여성이 아니다. 물론 그중에 꽤 많은 수는 애초에 그렇게 갇혀만 있어서는 안 되는 사람들이겠지만, 어쩌면 그중 일부는 폭력성 때문에라도 그렇게 갇혀 있어야 옳을 것이다. 우리가 폭력성을, 나아가 그들을 더 잘 다룰 방법을 알아내기 전까지는.

이름난 여성 팝 가수 중에서 자기 집에 들인 젊은 남자의 머리를 총으로 날려버린 사람은 없다. 필 스펙터(Phil Spector)는 그랬다. (스펙터는 라나 클라크슨Lana Clarkson을 엽총으로 살해한 죄로 예의 93.5%의 대열에 끼었는데, 그녀가 그의 구애를 거부한 게 이유인 모양이었다.) 여성 액션 영화 스타 중에서 가정폭력으로 고발된 사람은 없다. 앤젤리나 졸리는 멜 깁슨이나 스티브 매퀸이 했던 짓을 하지 않는다. 유명 여성 영화 감독 중에서 열세 살 아이에게 약을 먹인 뒤 아이가 계속 "싫어요"라고 말하는데도 성폭행한 사람은 없다. 로만 폴란스키가 그랬던 것처럼 말이다.

조티 씽을 기억하며

대체 남성성에 무슨 문제가 있는 걸까? 사람들이 남성다움을 상상하는 방식, 남성의 어떤 특질을 칭송하고 장려하는 방식, 소년들에게 폭력이 전수되는 방식에는 뭔가 고심해볼 만한 문제가 있다. 물론 세상에는 사랑스럽고 멋진 남자도 많다. 여성에 대한 전쟁의 이번 판에서 그나마 고무적인 점은 이 문제를 이해하고, 이 문제를 자신들의 문제로 여기고, 일상에서나 온라인에서나 올겨울에 뉴델리에서 쌘프란시스코까지 번졌던 가두행진에서 우리를 위해, 우리와 함께 나선 남자들이 아주 많았다는 점이다.

흥미롭게도 남자들은 점점 더 좋은 동맹이 되어가고 있다. 그런 남자들은 과거에도 소수나마 늘 있었다. 다정함과 온화함에는 남녀가 없으며, 감정이입에도 남녀가 없다. 오늘날 가정폭력 건수는 과거 수십년에 비해 현격하게 낮아졌고(지금도 충격적으로 높기는 하지만), 수많은 남자들이 남성성과 힘에 대한 새로운 개념과 이상을 빚어가고 있다.

게이 남성들은—지난 수십년 동안 공개적으로—전통적 남성성을 재정의해왔고, 가끔은 그것을 약화시키는 데 성공했으며, 종종 여성들의 훌륭한 동지였다. 여성해방운동은 남성의 힘과 권리를 침해하거나 빼앗으려는 의도를 가진 것처럼 묘사되곤 했다. 마치 한번에 한 성만 자유와 힘을 누릴 수 있는 암울한 제로섬 게임인 것처럼. 그러나 우리는 함께 자유인이 되거나 함께 노예가 될 수 있을 뿐이다. 기어코 자신이 이기고 정복하고 처벌하고 우위를 점해야 한다고 생각하는 사람들의 사고방식이야말로 끔찍하고 자유와는 거리가 먼 것이며, 달성 불가능한 그런 목표를 포기하는 것이야말로 해방이다.

가능하다면 나도 이런 이야기 말고 다른 이야기를 하고 싶다. 그러나 이 문제는 다른 모든 것에도 영향을 미친다. 아직도 인류의 절반은 갖가지 만연한 폭력에 시달리고, 진을 빼고, 그러다가 가끔은 인생을 마감하기까지 하면서 살아간다. 생각해보라. 우리가 그저 살아남는 데만 매달리지 않아도 된다면 얼마나 많은 시간과 에너지를 다른 중요한 일들에 쏟을 수 있겠는가. 이런 식으로 생각해보자. 내가 아는 최고의 저널리스트 중 한명은 우리 동네에서 밤중에 걸어서 귀가하는 것을 무서워한다. 그렇다고 그녀가 늦게까지 일하는 것을 포기해야 하겠는가? 얼마나 많은 여자들이 비슷한 이유에서 스스로 혹은 강제로 일을 그만뒀겠는가? 온라인에서 가해지는 터무니없는 성희롱 때문에 많은 여자들이 아예 발언과 글쓰기를 그만두고 있는 것은 엄연한 현실이다.

요즘 전세계의 새로운 정치운동들 중에서도 가장 흥미로운 것 하나는 캐나다 원주민의 권리를 주창하며 페미니즘과 환경주의의 색채도 띠고 있는 '아이들 노 모어'(Idle

No More) 운동이다. 이 운동이 발족한 직후인 (2012년) 12월 27일, 온타리오 주 선더베이에서 웬 남자들이 한 원주민 여성을 납치, 강간하고 구타한 뒤 그냥 죽도록 내팽개쳤다. 남자들은 자신들의 범죄가 '아이들 노 모어'에 대한 보복인 것처럼 말했다. 피해자는 살을 에는 추위를 뚫고 네시간을 걸어서 돌아왔고, 끝내 살아남아서 자신이 겪은 일을 들려주었다. 그런 짓을 또 저지르겠다고 협박했던 성폭행범들은 아직 잡히지 않았다.

뉴델리 강간 및 살해 사건, 그러니까 남들도 돕고 자신의 앞길도 개척하기 위해서 물리치료를 배우는 중이던 23세 여성 조티 씽(Jyoti Singh)이 강간, 살해당하고 그녀의 동반자 남성도 폭행당한(그러나 살아남은) 사건은 우리가 지난 백년 동안, 혹은 천년 동안, 혹은 오천년 동안 절실히 원했던 반응을 촉발한 듯하다. 바라건대 조티 씽이 전세계 여자들에게 —— 또한 남자들에게 —— 에멧 틸(Emmett Till)과 같은 존재가 되어주기를. 1955년에 백인우월주의자들에게 살해된 에멧 틸이 아프리카계 미국인들과 당시 막 태동한 시민권운동에 귀중한 계기가 되어준 것처럼(당시 14세였던 흑인 소년 틸이 백인 여성을 희롱했다는 이유로 그녀의 남편에게 잔인하게 살해당한 사건은 이후 아프리카계 미국인 시민권운동의 상징이 되었다).

이 나라에서는 매년 87,000건이 넘는 강간이 벌어지지만, 모든 사건은 제각각 동떨어진 일화로만 묘사된다. 점들은 하도 바싹 붙어 있어서 하나의 얼룩으로 녹아들 지경이지만, 그 점들을 잇거나 그 얼룩에 이름을 붙이는 사람은 거의 없다. 인도 사람들은 그렇게 했다. 그들은 이 사건이 시민권 문제이고, 인권 문제이고, 모두의 문제이고, 고립된 일화가 아니며, 두번 다시 용인되어서는 안 될 문제라고 말했다. 상황은 바뀌어야 한다. 그리고 그것은 당신의 일이고, 나의 일이고, 우리 모두의 일이다.

〔2013〕

MAN SPLAIN 3

호화로운 스위트룸에서
충돌한 두 세계

: IMF, 지구적 불공정, 열차에서 만난 낯선 사람에 대한 몇가지 생각

우리가 이미 너무나 잘 아는 이야기를, 내가 어떻게 들려줘야 좋을까? 그녀의 이름은 아프리카였다. 그의 이름은 프랑스였다. 그는 그녀를 식민지로 삼았고, 착취했고, 입을 막았으며, 그런 일을 그만두기로 한 때로부터 수십년이 지난 뒤에도, 가령 코트디부아르 같은 곳에서 그녀의 사정을 결정하는 일에 위세를 부렸다. 여담이지만, 그가 그녀에게 그런 이름을 준 것은 그녀에게서 나오는 수출품 때문이지 그녀의 정체성 때문은 아니었다(코트디부아르Cote d'Ivoire는 프랑스어로 '상아 해변'을 뜻한다).

그녀의 이름은 아시아였다. 그의 이름은 유럽이었다. 그녀의 이름은 침묵이었다. 그의 이름은 권력이었다. 그녀의 이름은 가난이었다. 그의 이름은 풍요였다. 그녀의 이름은 그녀의 것이었지만, 그녀가 과연 무엇을 소유했던가? 그의 이름은 그의 것이었고, 그는 그녀까지 포함해 모든 것을 그의 소유로 여겼다. 그리고 그녀의 의향을 묻거나 뒷일을 염려하지 않고도 그녀를 취할 수 있다고 생각했다. 그것은 아주 오래된 이야기였다. 이야기의 결론은 최근 몇십년 동안 조금 달라졌지만 말이다. 게다가 이번에는 그 결론의 여파가 많은 기반을 뒤흔들고 있는데, 그 기반들은 분명 전부 흔들릴 만한 것들이다.

방금 읽은 이야기처럼 참으로 뻔하고 고압적인 동화를 누가 기어이 쓰려고 할까? 전지구적으로 대대적인 빈곤과 경제적 불공정을 낳은 IMF를 이끄는 특출하게 강력한 그 우두머리는 현재 뉴욕 어느 고급 호텔의 스위트룸에서 아프리카 출신 이민자 여직원을 성폭행한 혐의를 받고 있다.

두 세계가 충돌했다. 과거였다면 그녀의 말은 그의 말에 눌려 무가치하다고 여겨졌을 테고, 그녀는 아마도 고소하지 않았을 것이다. 혹은 경찰이 조사에 나서서 빠리행 비행기에 오른 도미니끄 스트로스깐을 이륙 직전에 끌어내지 않았을 것이다. 그러나 그녀는 그렇게 했고, 그들은 그렇게 했고, 그는 구속되었으며, 유럽 경제는 충격을 감당하고 있고, 프랑스 정계는 발칵 뒤집어졌고, 온 프랑스가 휘청거리면서 반성하는 중이다.

그들은 무슨 생각이었을까, 그가 그런 비행을 저지른다는 증언과 증거가 난무했는데도 그에게 둘도 없는 권력의 지위를 주기로 결정했던 그 사람들은? 그는 무슨 생각이었을까, 그런 짓을 저지르고도 빠져나갈 수 있다고 판단했던 걸까? 혹시 프랑스에 있다고 생각했던 걸까? 프랑스에서는 확실히 빠져나갈 수 있었던 모양이니까 말이다. 상황이 이렇게 되자 한 젊은 여성은 2002년에 그가 자신을 성폭행했다고 주장하며 뒤늦게 고소했다. 문제가 벌어졌던 당시에는 정치인인 그녀의 어머니가 딸을 설득해 고발을 막았고, 그녀는 자신의 저널리스트 경력에 해로울까봐 설득에 따랐다고 한다(그녀의 어머니는 그의 경력을 더 걱정했던 것 같지만).

『가디언』은 이렇게 보도했다. 이런 이야기들 덕분에 "헝가리 출신 경제학자 피로슈카 너지(Piroska Nagy)의 주장에도 무게가 실리고 있다. 너지는 자신이 IMF에서 일할 때

총재가 지속적으로 자신을 성희롱했으며, 자신에게는 선택의 여지가 없다는 기분이 든 나머지 결국 2008년 1월에 다보스에서 열린 세계경제포럼에서 그와 잠자리를 함께할 수밖에 없었다고 주장했다. 그는 (그녀의 전문 분야인) 가나의 경제에 관해서 질문이 있다는 구실로 쉼없이 전화를 걸거나 이메일을 보낸 뒤 성적인 말을 꺼내면서 데이트를 청했다고 한다."

스트로스칸이 뉴욕에서 성폭행했다는 여성에 관해서는, 가나에서 온 이민자라는 말도 있고 이웃 기니에서 온 무슬림이라는 말도 있다. '가나—IMF의 죄수.' 평소에는 온건한 편인 BBC가 2001년에 뽑은 뉴스 제목이다. 뉴스의 내용은 IMF의 정책에 따라 가나가 문호를 개방해 미국의 값싼 쌀을 수입함으로써 쌀 생산국인 그 나라의 식량안보가 망가졌고, 그럼으로써 국민 다수가 심각한 곤궁에 빠졌다는 이야기였다. 화장실 사용부터 물 한 양동이까지 모든 것이 돈을 내야 하는 소비재로 바뀌었고, 많은 사람들이 그 돈을 내지 못했다. 그녀가 만일 가나에 강제된 IMF의 정책을 피해서 미국으로 건너온 이민자라면 이야기가 지나치게 완벽할지도 모르겠다. 한편 기니는 대규모 유전이 발견된 덕분에 IMF의 관리에서 벗어날 수 있었지만, 여전히 심각한 부패와 경제적 불평등에 시달리고 있다.

북반구를 위한 포주짓

진화생물학자들이 자주 말하는 공리가 있다. '개체발생은 계통발생을 반복한다.' 한 생물체의 배아가 발달하는 과정은 그 종이 진화해온 과정을 반복한다는 뜻이다. 총재의 성폭행 혐의라는 개체발생은 IMF의 계통발생을 반영한 것일까? 아닌 게 아니라, 그 조직은 미국의 경제적 비전을 나머지 세계에 부과하려 한 악명 높은 브레턴우즈 회의 결과 중 하나로서 제2차 세계대전 말에 만들어지지 않았던가.

IMF는 원래 각국의 개발을 돕기 위해서 돈을 빌려주는 기관으로 설립되었지만, 1980년대에는 이미 자유무역주의와 자유시장주의 이데올로기를 추종하는 조직이 되고 말았다. IMF는 대출금을 볼모로 삼아서 온 남반구 국가들의 경제와 정치에 막대한 영향력을 획득했다.

그러나 1990년대 내내 세력을 키워온 IMF는 21세기 들어 힘을 잃기 시작했다. IMF가 구현한 경제정책과 그 정책이 불러온 경제몰락에 반대하는 대중의 저항이 효과를 본 덕분이었다. 스트로스깐은 2008년에 금 보유고를 팔아 치우고 조직의 사명을 재구축해야 했던 이 파산한 단체를 구할 존재로서 모셔진 인물이었다.

그녀의 이름은 아프리카였다. 그의 이름은 IMF였다. 그는 그녀에게 올가미를 걸어 약탈당하게 했고, 보건 써비스를 폐지하게 했고, 굶주리게 했다. 자신의 친구들을 배불리기 위해서 그녀에게 쓰레기를 투척했다. 그녀의 이름은 남반구였다. 그의 이름은 워싱턴 컨센서스(1990년대 미국이 중남미 국가들에 제시한 자유무역주의에 기반한 경제정책의 통칭)였다. 그러나 그의 연승은 끝나가고 있었고, 그녀의 운은 상승하고 있었다.

2001년에 아르헨띠나 경제를 망가뜨린 상황을 만든 것이 바로 IMF였고, (다른 신자유주의 세력들 중에서도) IMF에 대한 대중의 봉기는 지난 십년간 이뤄진 라틴아메리카의 재탄생을 뒷받침한 힘이었다. 우리가 우고 차베스 (Hugo Chavez, 1999년부터 2013년 사망시까지 베네수엘라 대통령으로서 워싱턴 컨센서스와 신자유주의에 반대하는 정책을 펼치고 중남미 주변 국가들의 사회주의 행보를 지지했다)를 어떻게 평가하든,

아르헨띠나가 IMF에 진 빚을 일찌감치 상환하고 좀더 제대로 된 독자적 경제정책을 수립할 수 있었던 것은 산유국 베네수엘라가 아르헨띠나에 빌려준 돈 덕분이었다.

IMF는 포식세력이었다. 개발도상국들의 문호를 열어젖혀 부유한 북반구와 강력한 초국적기업들의 경제공세를 겪게끔 만들었다. IMF는 포주였다. 어쩌면 지금도 그렇다. 그러나 1999년 씨애틀의 반기업 시위를 계기로 세계적 운동이 점화된 이래 IMF에 저항하는 대중봉기가 일어났고(1999년 씨애틀에서 열릴 예정이던 세계무역기구 각료회의의 저지를 목표로 5만명의 시위대가 벌인 반세계화 시위, 이른바 '씨애틀 전투'를 가리킨다), 그런 세력이 라틴아메리카에서 승리를 거두었으며, 그 덕분에 앞으로 벌어질 모든 경제논쟁의 틀이 바뀌고 있으며, 경제와 전망에 관한 우리의 상상이 더 풍요로워지고 있다.

현재 IMF는 엉망진창이고, 세계무역기구(WTO)는 대체로 열외 상태이고, 북미자유무역협정(NAFTA)은 거의 모두에게 비난을 듣고 있으며, 미주자유무역지역(Free Trade Area of the Americas, 북미와 남미를 아우르는 자유무역지대를 설정하려는 계획으로 1994년부터 추진되었으나 북반구와 남반구의 시각 차이 때문에 좌초된 상태다) 계획은 취소되었다(양국간 자유무역협정은 계속 추진되고 있다). 그리고 세상의 많은 나라들은 지난 십년 동안 집중적으로 학습한 경제정책으로부터 많은 것을 배웠다.

열차에서 만난 낯선 사람

『뉴욕 타임스』는 이렇게 보도했다. "스트로스깐이 처한 곤경의 충격이 모두에게 강하게 전달됨에 따라, 몇몇 언론 매체 종사자를 비롯한 다른 사람들도 오랫동안 억눌러왔거나 익명으로만 밝혔던 이야기를 꺼내기 시작했다. 그들의 표현을 빌리자면, 스트로스깐이 과거에 학생이나 저널리스트부터 부하 직원까지 여러 여성들에게 취한 포식적 행동과 공격적인 성적 집적거림에 관한 이야기들이다."

달리 말해, 그는 주변 여성들이 불편하게 느끼거나 위험하게 느낄 만한 분위기를 조성했다. 그가 가령 작은 회사에서 일하는 사람이었다면 이야기는 또 달랐을 것이다. 그러나 세계의 운명의 일부를 좌우하는 사람이 제 주변에 두려움과 괴로움과 불공정을 빚어내는 데 에너지를 쏟았다는 사실은 이 세상의 구조에 관해서, 그리고 그는 물론이

거니와 그와 비슷한 다른 남자들의 행동을 용인한 여러 나라들과 단체들이 추구하는 가치에 대해서 시사하는 바가 있다.

미국이라고 해서 최근 섹스 스캔들이 적지는 않았고 그 당사자들도 교만하기는 마찬가지였지만, 최소한 그들은 (우리가 아는 한) 합의하에 성관계를 가졌다. 그러나 IMF 총재는 성폭행으로 고발당했다. 이 용어가 혼란스럽게 느껴진다면, '성'을 지우고 '폭행'에만 집중해보라. 폭력에, 타인을 인간으로 대하지 않는 행위에, 모든 인권 중에서도 기본인 신체보전권과 자기결정권을 부정하는 행위에. '인권'은 프랑스혁명의 위대한 구호 중 하나였지만, 거기에 여성의 권리도 포함되느냐 하는 것은 줄곧 의문시되어온 문제였다.

미국도 수많은 결함이 있다. 그래도 나는 경찰이 그 여성을 믿었다는 사실이, 그녀가 법정에서 증언하게 되리라는 사실이 자랑스럽다. 그녀의 권리와 안녕보다 유력한 남성의 경력이나 국제조직의 앞길이 더 중요하다고 결정하는 나라에 살지 않는다는 사실이 이번만큼은 고맙다. 민주주의란 그런 것이다. 누구나 목소리를 낼 수 있는 것. 누구도 단지 그가 가진 재산, 권력, 인종, 젠더 덕분에 잘못을 모면할 수는 없다는 것.

스트로스깐이 호텔 욕실에서 알몸으로 나왔다고 전해지는 날로부터 이틀 전, 뉴욕에서 큰 시위가 열렸다. 주제는 '월스트리트에 댓가를'이었다. 노동조합원, 급진주의자, 실업자, 그밖에도 수많은 사람들이 ─2만명이─ 모여서 이 나라에서 벌어지는 경제적 공세가 다수에게는 크나큰 고통과 결핍을 안기면서 소수에게는 터무니없는 부를 안기고 있다고 항의했다. (이 시위는 2011년 9월 17일에 시작된 '월스트리트를 점령하라' 운동에 앞서 뉴욕에서 벌어졌던 여러 경제적 불평등 항의시위 중에서 제일 나중의 대규모 시위였다. 말하나 마나, 이후 '월스트리트를 점령하라' 운동은 훨씬 더 큰 영향력을 발휘했다.)

나도 참가했다. 시위가 끝난 뒤 브루클린으로 돌아오려고 탔던 붐비는 지하철에서, 나와 함께 갔던 세 여자 친구 중 가장 젊은 친구의 엉덩이를 스트로스깐쯤 되는 연배의 남자가 움켜쥐었다. 처음에 친구는 어쩌다 부딪친 거라고 생각했다. 그러나 남자의 손이 자기 엉덩이를 그러쥐는 것이 느껴졌고, 친구는 젊은 여자들이 흔히 그러듯이 머뭇거리면서 내게 나지막이 뭐라 뭐라 이야기했다. 마치 그 일이 벌어지지 않은 것처럼, 혹은 별로 대단한 문제가 아닌 것처럼.

결국 친구는 남자를 노려보면서 그만두라고 말했다. 문득 내가 빠리에 머물던 가난한 열일곱살 여자아이였을 때 웬 영감이 내 엉덩이를 움켰던 일이 떠올랐다. 당시 징그러운 추행자가 득실대던 프랑스에서 그것은 내가 겪은 가장 미국적인 경험이었을지도 모른다. 왜 미국적이었는가 하면, 내가 쪼들리는 시절의 귀중한 구입품이던 자몽 세개를 안고 있었고, 그 자몽들을 야구공처럼 그 변태에게 하나씩 던졌으며, 그래서 그가 밤의 어둠 속으로 허둥지둥 도망치는 꼴을 만족스럽게 지켜보았기 때문이다.

여성에 대한 성폭력이 대체로 그렇듯이, 그의 행동은 이 세상이 내 것이 아니라는 사실, 내 권리는――내 **자유, 평등, 자매애**로 바꿔 말해도 좋겠다(프랑스혁명의 모토였던 '자유, 평등, 박애' 중 '박애'는 '형제애'로도 번역되는 'fraternité'인데 이것을 '자매애'로도 번역되는 'sororité'로 바꿔도 좋지 않겠느냐는 말이다)――중요하지 않다는 사실을 상기시키려던 것이 분명했다. 내가 과일을 던져서 그를 쫓아보냈다는 점만 **빼고** 말이다.

도미니끄 스트로스깐은 정의에 답하기 위해서 비행기에서 내려야 했다. 그래도 내 친구가 정의를 요구하는 시위에서 돌아오는 길에 엉덩이를 잡혔다는 사실은 우리가 갈 길이 아직 멀다는 사실을 똑똑히 보여준다.

가난한 사람들은 굶고 부자들은 자기 말을 번복한다

지난주에 터진 섹스 스캔들의 울림이 이렇게 큰 것은 가해자와 피해자로 추정되는 두 사람이 세상의 더 큰 관계들, 가령 가난한 사람들에 대한 IMF의 공격 같은 다른 관계들을 보여주는 모형이기 때문이다. 그런 공격은 우리 시대에 벌어지고 있는 대대적인 계급전쟁의 일부다. 이 전쟁에서 부자들과 정부 내 부자들의 대리인들은 나머지 사람들을 희생해서 자신들의 소유를 늘리는 데 주력했다. 저개발 지역의 가난한 나라들이 맨 먼저 댓가를 치렀지만, 우리도 이제 댓가를 치르고 있다. 그런 정책들이 낳는 고통이 우파 경제학을 통해 미국으로 돌아와서 민영화, 자유시장, 감세의 명목으로 노동조합, 교육제도, 환경, 가난한 사람과 장애인과 노인을 위한 복지 프로그램을 결딴내고 있기 때문이다.

우리 시대의 주목할 만한 사과 중 하나로 꼽힐 만한 것으로서 빌 클린턴(Bill Clinton)은 ─그도 한때 섹스 스캔들을 일으켰었지─세계경제가 한창 무너져내리던 2008년 10월에 '세계 식량의 날'을 맞아 유엔에서 이렇게 연설했다.

세계은행, IMF, 모든 대규모 재단과 모든 정부는 우리가 지난 30년 동안 실수를 해왔다는 사실을 인정해야 합니다. 대통령이었을 때의 저도 포함해서 말입니다. 우리는 식량이 다른 국제무역 생산품과 같다고 믿었지만, 그것은 틀린 생각이었습니다. 우리 모두는 좀더 안정적이고 지속 가능한 농업 형태로 돌아가야 합니다.

작년(2010)에는 이보다도 더 직설적으로 말했다.

1981년부터 우리가 방향을 재고하기 시작한 작년 무렵까지 미국은 다음과 같은 정책을 취했습니다. 우리처럼 식량을 많이 생산하는 부유한 나라들이 가난한 나라들에 그걸 팔아서 그들이 스스로 식량을 생산하는 부담을 덜어줘야 한다는 것입니다. 그러면 고맙게도 그들이 산업화 시대로 곧장 건너뛸 수 있을 거라고 생각했지요. 이런 정책은 통하지 않았습니다. 우리 아칸소 주에 있는 일부 농부들에게는 좋았을지 몰라도, 우리 예상대로 되진 않았습니다. 그것은 실수였습니다. 저도 그 실수에 관여했습니다. 저는 지금 다른 누구를 겨냥하려는 게 아닙니다. 제가 그렇게 했습니다. 제가 저지른 실수 때문에 아이티가 자국민을 먹일 쌀 생산능력을 잃은 것에 대해서, 저는 남은 평생 책임을 느끼며 살아가야 할 것입니다.

클린턴의 고백은 연방준비제도 이사회 의장이던 앨런 그린스펀(Alan Greenspan)이 2008년에 자신의 과거 경제 정책은 전제부터 틀렸다고 인정한 것과 같은 수준이다. 그린스펀의 정책과 IMF, 세계은행, 자유무역지상주의자들의 정책은 빈곤, 고통, 기아, 죽음을 낳았다. 우리는, 적어도 우리 중에서 대부분은, 많은 교훈을 얻었다. 그리고 세상은 토머스 프리드먼(Thomas Friedman)이 자유시장주의에 반대하는 사람들을 "평평한 지구 옹호자들, 보호무역주의 노동조합들, 1960년대식 해법을 찾는 여피들"이라고 맹렬하게 비난했던 시점으로부터 이미 적잖이 달라졌다. 프리드먼도 나중에 그 말을 철회했다(1999년 11월 30일 벌어진 씨애틀 반WTO 시위에 대해『뉴욕 타임스』의 보수 칼럼니스트 프리드먼은 바로 다음날인 12월 1일에 영화「씨애틀의 잠 못 이루는 밤」을 패러디한 '씨애틀의 무분별한 밤'이라는 제목으로 앞의 문장이 담긴 비난 사설을 실었다).

작년에 발생한 처참한 아이티 대지진 후, 놀라운 일이 벌어졌다. 스트로스깐 휘하의 IMF는 아이티가 취약한 틈을 이용해 종래의 조건으로 새로운 대출을 강제하려는 계획을 세웠다. 그러자 활동가들은 클린턴이 뒤늦게 사과한 것과 비슷한 신자유주의 정책들 때문에 그러잖아도 이미 무력해진 나라에 부채만 더 늘릴 것이 뻔한 계획을 반대하고 나섰다. IMF는 화들짝 놀라 물러났고, 아이티가 IMF에 진 부채를 탕감하기로 동의했다. 지식으로 무장한 행동주의가 거둔 대단한 승리였다.

힘없는 사람들의 힘

어쩌면 세상에서 가장 유력한 남자 중 한명의 경력을 한 호텔 청소 직원이 끝장낼지도 모르겠다. 아니, 그 남자가 그 노동자의 권리와 인간성을 무시함으로써 제 손으로 제 경력을 끝장낼 상황이라고 말해야 할지도 모른다. 이베이 출신의 백만장자로 작년에 캘리포니아 주지사 선거에 출마했던 멕 휘트먼(Meg Whitman)에게도 거의 비슷한 일이 벌어졌다. 휘트먼은 미등록 이민자를 공격하는 보수주의자들의 대열에 편승했는데, 알고 보니 그녀 자신도 니키 디아스(Nicky Diaz)라는 미등록 이주노동자를 오랫동안 가정부로 고용하고 있었다.

9년이나 흐른 뒤에 이제 디아스를 곁에 두는 게 정치적으로 껄끄러워지자 휘트먼은 디아스를 느닷없이 해고했고, 자신의 피고용인이 미등록 이민자라는 사실을 전혀 몰랐다고 주장하면서 마지막 임금을 지급하지 않으려 했다. 달리 말해, 선거운동에는 1억 7,800만 달러를 기꺼이 쓸 용의가 있었던 휘트먼이 어떤 면에서는 6,210달러의 체불임금 때문에 자멸한 셈이다.

디아스는 "그녀가 나를 쓰레기처럼 내팽개친 기분이었

다"라고 말했다. 그러나 그 쓰레기에게는 목소리가 있었고, 캘리포니아 간호사협회가 그 목소리를 증폭시켰으며(캘리포니아 간호사협회는 간호사 노조로, 자신이 부당하게 해고당했다고 여긴 니키 디아스가 노조의 지인에게 도움을 요청하자 노조가 법률 지원을 알선해주었다), 그 덕분에 캘리포니아는 가난한 사람들을 더 비참하게 만들고 중산층을 더 곤궁하게 만들었을 법한 정책들을 주장한 백만장자에게 다스려지지 않을 수 있었다.

미등록 외국인 가정부와 이민자 호텔 청소 직원이 정의를 요구하고 나선 두 싸움은 우리 시대에 벌어지고 있는 세계적 전쟁의 축소판이다. 니키 디아스의 싸움과 지난해 IMF의 아이티 대출을 둘러싸고 벌어진 싸움이 시사하는 바가 있다면, 싸움이란 결과가 불확실하다는 점일 것이다. 가끔은 우리가 전투에서 이기지만, 어쨌든 전쟁은 계속된다. 지난주에 맨해튼의 값비싼 호텔 스위트룸에서 벌어진 일에 대해서 우리는 아직 모르는 부분이 많지만, 아는 부분도 있다. 우리 시대에 진정한 계급전쟁이 공공연히 치러지고 있으며, 이른바 사회주의자께서는 지난주에 그 전쟁에서 잘못된 편에 섰다는 사실이다.

그의 이름은 특권이었다. 그러나 그녀의 이름은 가능성이었다. 그의 이야기는 예의 진부한 옛이야기였다. 그러나 그녀의 이야기는 이야기를 바꿀 가능성에 관한 새로운 이야기였다. 그 이야기는 아직 끝나지 않았고, 그 속에는 우리 모두가 등장하며, 그 이야기는 너무나 중요하고, 우리는 이야기를 지켜볼 뿐만 아니라 직접 써나가고 들려주기도 할 것이다. 앞으로 몇주, 몇달, 몇년, 몇십년에 걸쳐서.

추신

이 글은 맨해튼의 호텔 방에서 도미니끄 스트로스깐에게 벌어진 사건에 관한 최초의 보도를 읽고 쓴 것이었다. 이후 그는 유능한 변호사 군단에 막대한 돈을 가져다바침으로써 뉴욕 검찰이 형사사건 기소를 취하하도록 만드는 데 성공했고, 그후에는 변호사들이 제공한 정보를 이용해 피해자의 평판을 깎아내렸다. 아주 가난한 사람들이나 분쟁을 겪는 나라에서 온 사람들이 대개 그렇듯이 나피사투 디알로(Nafissatou Diallo)는 그동안 사회의 주변부에서 살았고, 그런 처지에서는 당국에 진실을 말하는 것이 늘 현명하고 안전한 일만은 아니었기 때문에, 그녀는 거짓말쟁이로 비쳤다. 그녀는 『뉴스위크』 인터뷰에서 강간을 고발해도 될까 망설였으며 결과가 두려웠다고 말했다. 결국 그녀는 침묵과 그림자를 걷어내고 앞으로 나섰다.

다른 강간 피해자 여성들과 아이들처럼, 특히 그들의 이야기가 현재의 기득권을 위협하는 경우에는 언제나 그렇듯이, 디알로는 인격을 의심받았다. 루퍼트 머독(Rupert Murdoch)이 소유한 타블로이드 신문 『뉴욕 포스트』는 일면 머리기사에서 디알로를 매춘부로 중상했다. 그러나 왜 매춘부가 노조에 가입한 호텔 청소 직원으로서 시급 25달러를 받고 풀타임으로 일하는지는 설명하지 못했는데, 그래서 아무도 그런 중상을 귀담아듣지 않았다. (그녀는 명예훼손 소송을 제기했고 『뉴욕 포스트』는 피치 못해 합의했다.)

사람들은—특히 『뉴욕 리뷰 오브 북스』의 에드워드 제이 엡스타인(Edward Jay Epstein)은—사건의 정황을 둘러대기 위해서 갖가지 복잡한 가설을 생각해냈다. 증인들에 따르면 몹시 심란해 보였다는 여성은 왜 결국 성폭행을 당했다는 주장을 제기했을까? 피의자로 고발된 남자는 왜 누가 봐도 확연히 당황한 태도로 잽싸게 미국을 빠져나가려고 했을까? 왜 그의 정액이 그녀의 옷과 다른 데에 묻어 있었고 그것이 성관계가 벌어졌다는 주장에 대한 증거가 되었을까? 결론은 합의된 성관계 아니면 합의되지 않은 성관계, 둘 중 하나다. 그리고 가장 단순하면서도 일관된 설명은 디알로의 것이다. 크리스토퍼 디키(Christopher Dickey)가 『데일리 비스트』에 썼듯이, 스트로스깐은 "생전 처음 만난 여성과 맺은 채 7분도 안 되는 성관계가 합의에 의한 것이었다고 주장한다. 그의 말을 믿자면, 디알로가 샤워실에서 막 나온 배불뚝이 육십대 남자의 알몸을 보자마자 자진해서 무릎을 꿇었다는 설명을 믿어야만 한다".

이후 다른 여성들도 스트로스깐에게 성폭행을 당했다고 증언하고 나섰다. 그중 한명인 젊은 프랑스 저널리스트는 그가 자신을 강간하려 했다고 말했다. 스트로스깐은 프랑스 법에 저촉되는 매춘을 알선한 어느 섹스파티 일당과도 연루되었다. 내가 이 글을 쓰는 현재, 그는 '가중 매춘 알선 행위'로 고발될 참이다(스트로스깐은 미국과 프랑스에서 여러차례 섹스파티에 참석한 것으로 밝혀졌는데, 그중 릴의 칼튼 호텔에서의 사건으로 기소되었다. 프랑스에서는 공금으로 매춘을 하거나 남에게 매춘을 알선하는 행위는 불법이다. 스트로스깐은 자신은 단순히 참석자였을 뿐이라고 주장하고 있으며 재판은 2015년 현재 진행 중이다). 한 성노동자가 제기한 강간 고소는 취하되었지만 말이다.

결국 중요한 점은, 어느 가난한 이민자 여성이 세상에서 가장 유력한 남성 중 한명의 경력을 뒤엎었다는 사실이다. 아니, 그 경력을 진작에 끝장냈어야 마땅한 행동을 이제야 사람들에게 노출시켰다고 말해야 더 정확하겠다. 그 결과 프랑스 여성들은 자기 사회의 여성 혐오를 재평가하게 되었다. 나피사투 디알로는 IMF 전 총재를 상대로 한 민사소송에서 이겼다. 상당한 보상금이 약속된 듯한 합의 조건 중 하나는 침묵이었지만 말이다. 그러니 우리는 시작점으로 돌아온 셈이다.

〔2011〕

MAN SPLAIN 4

위협을
칭송하며

: 평등결혼의 진정한 의미

오랫동안, 동성결혼을 지지하는 사람들은 그런 결합이 전통적 결혼을 위협한다는 보수주의자들의 주장을 반박하며 그런 결합은 아무런 위협이 되지 않는다고 주장해왔다. 어쩌면 보수주의자들이 옳을지도 모른다. 그리고 어쩌면 우리는 위협을 부정하기보다 칭송해야 하는지도 모른다. 두 남자나 두 여자의 결혼은 한 남자와 한 여자의 결혼에 직접적으로 충격을 가하진 않는다. 그러나 형이상학적으로는 충격을 가한다.

왜 그런지 알려면, 우리는 전통적 결혼이 무엇인지부터 살펴보아야 한다. 그리고 양측이 어떤 방식으로 사실을 숨기는지 살펴보아야 하는데, 동성결혼 지지자들은 위협을 부정함으로써, 더 정확하게 말하자면 위협을 못 본 체함으로써 숨기고, 보수주의자들은 그것이 무엇에 대한 위협인지를 모르는 체함으로써 숨긴다.

최근에 많은 미국인들은 '동성결혼'(same-sex marriage)이란 어색한 용어를 '평등결혼'(marriage equality)으로 바꾸었다. 원래 이 용어는 동성 커플도 이성 커플이 누리는 권리를 전부 누릴 수 있어야 한다는 뜻으로 쓰인다. 그렇지만 이 용어는 결혼이란 평등한 사람들 사이의 관계라는 뜻도 될 수 있다. 전통적 결혼은 그렇지 않았다. 서구 역사에서 대부분의 기간에, 법은 결혼을 통해서 남편이 사실상 아내의 소유자가 되고 아내는 사실상 남편의 소유물이 된다고 규정했다. 혹은 남자가 주인이 되고 여자는 하인이나 노예가 된다고 규정했다.

영국의 판사였던 윌리엄 블랙스톤(William Blackstone)은 영국 관습법의 주해서로 나중에 미국 법에도 큰 영향력을 미친 1765년 저작에서 이렇게 썼다. "남편과 아내는 결혼을 통해서 법적으로 한사람이 된다. 결혼생활 중에 여자의 신분 혹은 법적 지위는 유예된다. 적어도 남편의 신분과 법적 지위에 합병되고 통합된다." 이런 법규하에서 여자의 삶은 남편의 성정에 달려 있었는데, 그야 당시에도 못된 남편 못지않게 착한 남편도 많았겠지만, 나에 대한 절대적 권력을 쥔 사람의 친절에 기대기보다는 권리에 기대는 편이 더 믿음직한 법이다. 그런 권리는 훨씬 더 나중의 일이었다.

영국에서는 1870년과 1882년에 '기혼여성재산법'이 제정되기 전까지 모든 것은 남편의 소유였다. 아내는 유산을 얼마나 받았든 스스로 얼마나 벌든 자기 앞으로는 한푼도 가질 수 없었다. 비슷한 시기에 영국과 미국 양쪽에서 아내 구타를 금하는 법이 제정되었으나, 1970년대 이전에는 거의 집행되지 않았다. 요즘은 가정폭력이 (가끔) 기소되는 세상이 되었지만, 그것만으로는 아직 두 나라에서 만연한 가정폭력을 치료하기 역부족이다.

소설가 에드나 오브라이언(Edna O'Brien)이 근래 발표한 회고록(1930년생 아일랜드 소설가 오브라이언이 2012년 발표한 『시골 소녀』*Country Girl*를 말한다)에는 아주 전통적인 결혼이라 할 수 있을 관계를 몸소 겪어낸 여정을 이야기하는 대목에서 간간이 섬뜩한 문장들이 있다. 오브라이언의 첫 남편은 그녀의 문학적 성공을 내리누르려고 했고, 그녀에게 수표를 자기 앞으로 넘기라고 강요했다. 그녀가 거액의 영화 판권을 넘기기를 거부하자 그는 그녀의 목을 졸랐다. 그녀는 경찰서로 찾아갔지만, 경찰은 별로 관심을 보이지 않았다. 나는 이런 폭력이 경악스럽다. 그러나 더더욱 경악스러운 것은 그런 폭력의 이면에는 피해자를 통제하고 처벌할 권리가 학대자에게 있다고 보는 가정이 깔려 있다는 점, 그가 그럴 목적으로 폭력을 사용했다는 점이다.

2013년에 오하이오 주 클리블랜드에서 10년 동안 젊은 여성 세 명을 감금하고 고문하고 성적으로 학대한 죄로 고발된 애리얼 카스트로(Ariel Castro) 사건은 분명 극단적이다. 그러나 흔히들 말하는 것처럼 그렇게까지 예외적인 사례는 아닐지도 모른다. 카스트로는 지금은 사망한 사실혼 관계의 옛 아내에게 공공연히 엄청난 폭력을 휘둘렀다고 한다. 카스트로가 저질렀다는 행동들의 이면에는 분명 자신은 여성에게 절대적인 힘을 휘두르되 여성은 절대적으로 무력한 상황을 꿈꾸는 욕망이 깔려 있었다. 그런 상황은 전통적 결합의 악랄한 형태라고 할 수 있다.

페미니즘은 예나 지금이나 이런 전통에 항의한다──극

단적인 상황뿐 아니라 일상적인 상황에도. 19세기 페미니스트들은 약간의 성과를 거두었고, 1970년대와 80년대의 페미니스트들은 더 많은 성과를 거두었으며, 미국과 영국의 모든 여성이 그 혜택을 입었다. 또한 페미니즘은 위계 관계를 평등관계로 바꾸는 데 크게 기여함으로써 동성결혼이 가능하게끔 만들어주었다. 같은 성의 두 사람이 결혼하는 것은 본질적으로 평등한 관계이다. 한쪽 파트너가 여러가지 다양한 방식으로 좀더 힘을 지닐 순 있겠지만, 대개의 측면에서 그들은 서로 평등한 위치에 선 사람들끼리의 관계라서 자신들의 역할을 자기들 마음대로 규정할 수 있다.

게이와 레즈비언은 어떤 특질과 역할이 남성적이거나 여성적인가 하는 질문을 진작부터 제기해왔고, 그런 물음은 이성애자에게도 해방적일 수 있다. 그와 마찬가지로, 동성애자가 결혼을 하면 그에 따라 결혼의 의미가 달라진다. 그들의 결합에는 위계의 전통이 깔려 있지 않다. 어떤 사람들은 이 현상을 기쁘게 환영했다. 동성결혼을 많이 주재한 한 장로교 목사는 내게 말했다. "캘리포니아에서 동성결혼이 합법화된 뒤, 결혼식을 진행하기에 앞서 동성 커플들을 만나면서 이런 깨달음을 얻었지요. 그들의 관계에는 오래된 가부장적 기본 설정이 적용되지 않는다는 사실을요. 그건 보는 사람에게도 아름다운 일이었습니다."

미국의 보수주의자들은 이런 평등주의에 겁을 먹거나 소스라치게 놀랐다. 그것은 전통적이지 않으니까. 그러나 그들은 그 전통에 대해서도, 자신들이 그 전통에 열광한다는 점에 대해서도 말하기를 꺼린다. 그들이 생식권과 여성권을 꾸준히 공격해왔다는 사실과 2012년 말에서 2013년 초까지 '여성에 대한 폭력 방지법' 개정을 둘러싸고 벌인 소동을 떠올리면 그들의 입장을 알아차리기가 어렵지 않지만, 아무튼 그들은 동성결혼을 저지하는 진짜 이유를 시치미 뗀 채 숨기고 있다.

그동안 법적 절차를 주시해온 사람이라면, 예를 들어 캘리포니아의 평등결혼 싸움을 지켜본 사람이라면, 결혼은 자식을 낳고 기르기 위한 제도라는 주장이 숱하게 언급되는 것을 들었을 것이다. 그야 물론 생식에는 정자와 난자의 결합이 필요하다. 하지만 요즘은 그 결합이 다양한 방식으로 이루어진다. 이를테면 시험관에서나 대리모에게서. 그리고 누구나 알듯이, 요즘은 많은 아이들이 조부모나 의붓부모나 양부모, 그밖에도 아이를 낳진 않았지만 사랑하는 사람들의 손에서 자란다.

　이성애자 부부도 아이가 없는 경우가 많다. 아이가 있는 부부도 많이 헤어진다. 모든 아이들이 성이 다른 두 부모가 있는 집에서 자라리라고 보장할 수는 없다. 생식과 양육을 평등결혼에 반대하는 논거로 제기한 주장에는 법정도 콧방귀를 뀌었다. 아직 보수주의자들은 아마도 그들의 진정한 목표인 것으로 보이는 과제에 착수하지 않았다. 보수주의자들이 진정으로 바라는 것은 전통적 결혼을 보존하는 것, 실은 그보다도, 전통적 성 역할을 보존하는 것이다.

　내가 아는 사랑스럽고 멋진 이성애자 커플 중에는 1940년대에, 50년대에 결혼한 사람들도 있고, 이후에 결혼한 사람들도 물론 있다. 그런 커플들의 결혼은 상호성과 관용이 넘치는 평등한 관계다. 그러나 옛날에는 딱히 고약한 인간이 아니더라도 대단히 불평등한 태도를 취하곤 했다. 내 지인 중에는 얼마 전에 91세를 일기로 작고한 점잖은 남성이 있는데, 젊은 시절에 그분은 아내에게는 이사해야 한다는 사실을 미리 알리지 않고 결정에 참여할 기회도 주지 않은 채 나라 반대편에 있는 일자리를 승낙한 적이 있었다. 아내의 인생은 아내가 결정하는 것이 아니었다. 그 것은 그의 것이었다.

이제 그런 시대에는 단호히 문을 닫을 때가 되었다. 대신 다른 문을 열 때다. 모든 상황에 놓인 모든 사람을 위해서 서로 다른 젠더들 사이의 평등과 결혼한 파트너들 사이의 평등을 반갑게 맞아들일 문을. 평등결혼은 위협이다. 불평등에 대한 위협이다. 평등결혼은 평등을 소중히 여기고 평등으로 혜택을 입는 모든 사람에게 유익하다. 그것은 우리 모두를 위한 일이다.

〔2013〕

MAN SPLAIN 5

거미 할머니

1

여자가 빨래를 널고 있다. 모든 일이 벌어지고 있고 아무 일도 벌어지지 않는다. 여자의 몸에서 보이는 부분은 손가락 몇개와 갈색의 탄탄한 두 종아리와 두 발뿐이다. 흰 시트가 여자 앞쪽에 걸려 있는데, 바람이 그것을 여자의 몸으로 날려 붙이는 바람에 몸의 윤곽이 드러났다. 옷가지를 널어 말리는 일은 더없이 일상적인 행동인데도 여자는 집안일이 아닌 다른 일로 차려입은 것처럼, 아니면 이 집안일 자체가 춤추는 자리인 것처럼 까만 하이힐을 신었다. 엇갈린 두 다리는 댄스 스텝을 밟는 것 같다. 태양이

5. 거미 할머니

그녀의 그림자와 흰 시트의 검은 그림자를 땅에 드리운다. 그림자는 검고 다리 긴 새처럼 보인다. 여자의 발에서 뻗어나온 다른 종의 생물처럼 보인다. 시트가 바람에 날리고, 여자의 그림자가 날리는데, 여자가 이 일을 하는 공간은 너무나도 헐벗고 황량하고 규모를 가늠할 수 없는 풍경인지라 지평선에서 지구의 만곡(彎曲)마저 느껴지는 듯하다. 빨래를 너는 것, 이것은 더없이 일상적이면서도 비일상적인 행동이다. 그림을 그리는 것도 그렇다. 후자는 말 없는 것만이 할 수 있는 일을 하는 작업이다. 모든 것을 환기하면서 아무것도 말하지 않기, 특정한 의미에 고정되지 않은 채 의미를 불러들이기, 대답을 주는 게 아니라 답이 정해지지 않은 질문을 던지기. 여기 아나 떼레사 페르난데스(Ana Teresa Fernández)의 그림에서, 여자는 존재하는 동시에 말소되었다.

2

나는 그 말소에 관해서 많이 생각한다. 아니, 그 말소가 자꾸 모습을 드러낸다고 말해야 옳을지도 모른다. 내 친구의 집안에는 천년을 거슬러 올라가는 족보가 있는데, 거기에 여자는 한명도 나오지 않는다. 친구는 자신도 나오지 않는다는 사실을 얼마 전에야 알았다. 반면에 친구의 남자형제들은 나온다. 친구의 어머니도 나오지 않고, 친구의 친할머니도 나오지 않는다. 친구의 외할아버지도 나오지 않는다. 할머니들은 없다. 아버지들이 아들들을 낳고 손자들을 낳는 식으로 가계가 이어지면서 성(姓)이 전수된다. 가계도는 계속 가지를 치고, 가지가 더 길게 뻗을수록 더 많은 사람들이 사라진다. 자매들, 고모들, 어머니들, 할머니들, 증조할머니들. 방대한 인구가 종이에서, 그리고 역사에서 지워진다. 친구네 집안은 인도 출신이다. 그러나 서양에 사는 우리도 그런 형태의 가계도에 못지않게 익숙한데, 아버지가 아들을 낳는 족보가 길게 나열된 성서가 있기 때문이다. 무려 40세대를 망라하는 신약 마태복음의 가계도는 아브라함에서 요셉까지 이어진다(다만 요셉이 아니라 하느님이 예수의 아버지로 추정된다는 사실은 언급되지 않는다). 이새의 나무(Tree of Jesse)——마태복음에 나온 예수의 부계를 그림으로 표현한 일종의 토템폴——는 스테인드글라스를 비롯한 중세의 여러 예술작품에서 묘사되었으며, 오늘날 우리가 작성하는 가계도의 선조라고 일

컬어진다. 이처럼 ── 가부장제의, 가계의, 내러티브의 ──
일관성은 삭제와 배제를 통해 확보된다.

3

당신의 어머니를 지우고, 두 할머니를 지우고, 네 증조
할머니를 지우라. 몇세대를 더 거슬러 올라가면 수백명이,
나중에는 수천명이 사라진다. 어머니들이 사라지고, 그 어
머니들의 아버지들과 어머니들이 사라진다. 점점 더 많은
삶들이 세상에 살지 않았던 것처럼 사라지면서 숲이 나무
로, 그물이 직선으로 다듬어진다. 혈통이나 영향이나 의
미의 내러티브를 단선적으로 구성한다는 것은 그런 것이
다. 나는 예술사에서도 그런 일을 줄기차게 보았다. 삐까
소(Pablo Picasso)가 폴록(Jackson Pollock)을 낳고 폴록
이 워홀(Andy Warhol)을 낳는 식으로, 예술가는 반드시
다른 예술가에게서만 영향을 받을 수 있다는 듯한 설명이
다. 몇십년 전에 로스앤젤레스의 화가 로버트 어윈(Robert
Irwin)은 뉴욕의 어느 미술비평가를 고속도로 갓길에 버
려두고 가는 유명한 사건을 벌였는데, 그 비평가가 자동차
개조에 몰두하는 청년들의 예술성을 인정하지 않는 발언

을 한 게 화근이었다. 어윈 자신도 한때 개조자동차 제작
자였고 개조자동차 문화에서 큰 영향을 받았던 것이다. 내
가 알던 한 현대미술가는 전시회 카탈로그 해설에서 자신
을 쿠르트 슈비터스(Kurt Schwitters)와 존 하트필드(John
Heartfield)의 직계로(둘 다 독일 출신의 다다이스트 남성 예술가
다) 설정한 부계 계보도를 보고서 어윈보다는 점잖지만 그
못지않게 황당해하는 반응을 보였다. 그녀는 자신이 수공
예작업, 직조를 비롯한 온갖 실용적인 만들기, 어릴 때 집
에 벽돌공들이 찾아온 일 이래 자신이 푹 빠졌던 갖가지
쌓기 행위의 후예임을 알고 있었다. 누구나 그처럼 정규
교육에 앞선 사건들, 일상에 불현듯 등장한 사건들에서 영
향을 받기 마련이다. 그 배제된 영향력들을 나는 할머니들
이라고 부른다.

4

　여성을 사라지게 만드는 방법은 또 있다. 이름의 문제를
생각해보라. 어떤 문화에서는 여성이 자기 이름을 간직하
지만, 대부분의 다른 문화에서는 여자가 낳은 아이에게 아
버지의 성이 붙는다. 영어권 나라들에서는 최근까지도 여

자가 결혼을 하면 남편의 성 앞에 '부인'(Mrs.)을 붙여 불렀다. 여자가 결혼을 하면, 그때부터는 가령 샬럿 브론테이기를 그만두고 아서 니콜스 부인이 되었다. 이름은 여성의 계보를 지우고 여성의 존재마저 지운다. 그것은 1765년에 블랙스톤이 설명한 영국 법에도 부합하는 상황이었다.

남편과 아내는 결혼을 통해서 법적으로 한사람이 된다. 결혼생활 중에 여자의 신분 혹은 법적 지위는 유예된다. 적어도 남편의 신분과 법적 지위에 합병되고 통합된다. 아내는 남편의 날개, 보호, 덮개 아래에서 모든 일을 수행한다. 따라서 프랑스 법률용어로는 '팜꼬베르'(feme-covert, 직역하면 '덮인 여자' 즉 '숨겨진 여자'이다)라고 불린다. … 여자는 그녀의 '배런'(baron, 옛 법률용어로 남편을 뜻한다) 혹은 주인인 남편의 보호와 영향력 아래에 있으며, 결혼생활 중인 여자의 상태는 '커버처'(coverture, '덮개'라는 뜻으로 법률 용어로는 남편의 보호를 받는 유부녀 신분을 말한다)라고 불린다. 따라서 남자는 아내에게 무언가를 양도할 수 없고, 아내와 계약을 맺을 수도 없다. 그것은 그녀에게 별개의 신분을 부여하는 셈이기 때문이다.

그는 그녀를 시트처럼, 수의처럼, 장막처럼 덮었다. 그녀
는 따로 존재가 없었다.

5

여성의 비존재에는 정말로 다양한 형태가 있다. 아프
가니스탄전쟁 초기 『뉴욕 타임스』 일요판에 그 나라에 관
한 특집 기사가 실렸다. 기사 첫머리에 실린 큼지막한 사
진은 어느 가족의 초상이라고 했는데, 내 눈에는 남자 한
명과 아이들밖에 보이지 않았다. 그러다 나는 문득 사실을
깨닫고 깜짝 놀랐다. 내가 휘장 아니면 가구라고 착각했던
것이 바로 머리에서 발끝까지 베일을 쓴 여자였던 것이다.
그녀는 시야에서 사라져 있었다. 베일과 부르카를 옹호하
는 갖가지 주장들이 있을 수 있겠지만, 어쨌든 그것이 사
람을 말 그대로 사라지게 만든다는 것만은 사실이다. 베일
의 역사는 깊디깊다. 지금으로부터 3천년도 더 전인 아시
리아 시절에도 베일이 있었는데, 당시에 여성은 두 부류로
나뉘었다. 점잖은 아내와 과부 들은 베일을 써야 했고, 창

녀와 노예 여자아이 들은 베일을 쓰는 게 금지되었다. 베일은 일종의 프라이버시의 벽이었고, 여자가 한 남자의 소유라는 표지였으며, 휴대 가능한 감금용 건축물이었다. 휴대성이 그보다 떨어지는 건축물은 여자들을 집 안에, 집안일과 양육으로 이뤄진 가정의 영역에 가두었다. 그럼으로써 공적인 삶을 갖지 못하게 했고, 자유롭게 돌아다니지 못하게 했다. 아주 많은 사회가 여자들을 집에 가둠으로써 그들의 성적 에너지를 통제했는데, 부계사회에서는 아버지가 자신의 아들이 누구인지를 확실히 알고 자신만의 가계도를 그리기 위해서 그럴 수밖에 없었다. 모계사회에서는 그런 통제가 꼭 필요하진 않다.

6

1976년에서 1983년까지 벌어진 아르헨띠나의 '더러운 전쟁' 시절, 사람들은 군사정부가 사람들을 "사라지게" 만든다고 말했다. 군부는 반체제인사, 활동가, 좌익, 유대인을 남녀 가리지 않고 사라지게 만들었다. 사라진 사람은 가능한 한 은밀하게 처리되었다. 그를 사랑하는 사람들조차 그의 행방을 알지 못하도록. 15,000명에서 30,000명 사이의 아르헨띠나 사람들이 그런 식으로 제거되었다. 사람들은 이웃이나 친구와의 대화를 중단했다. 무엇이든, 누구든 자신을 밀고할 수 있다는 두려움 때문에 다들 입을 닫았다. 사람들이 스스로 비존재가 되지 않기 위해서 자신을 보호하면 보호할수록 그들의 존재는 점점 더 희박해졌다. 그렇게 수천명이 '사라진 사람들'(los desaparecidos)로 변했지만, 그들을 사랑하는 사람들이 그들을 계속 살게 했다. 실종에 대항해 처음으로 목소리를 낸 사람들, 두려움을 극복하고 입을 열고 모습을 드러낸 사람들은 어머니들이었다. 그들은 '오월광장의 어머니들'(Las Madres de la Plaza de Mayo)이라고 불렸다. 사라진 사람들의 어머니들이었기 때문에, 그리고 그들이 아르헨띠나의 핵심 중에서도 핵심에 해당하는 장소──수도 부에노스아이레스의 대통령 공관 까사 로사(Casa Rosa) 바로 앞에 있는 오월광장에 나타났기 때문에 붙은 이름이다. 한번 나타난 그들은 사라지기를 거부했다. 앉는 것이 금지되었기 때문에, 그들은 걸었다. 공공장소 중에서도 공공장소인 그곳에서조차 그들은 공격받고 체포되고 심문받고 쫓겨났지만, 그래도 몇번이고 다시 돌아와서 자신들의 괴로움과 분노를 공개적으로 말했고, 자식과 손주를 돌려달라고 요구했다. 그들은 자식의 이름과 자식이 사라진 날짜를 수놓은 흰 머릿수건을 썼다. 모성이라는 감정적, 생물학적 유대는 당시 나라를 장악한 장군들조차 쉽게 좌익이나 범죄자로 묘사하기 힘든 대상이었다. 그것은 새로운 정치를 위한 일종의 덮개였다. 세상이 냉전의 그늘에 가렸던 1961년, 반대자는 곧잘 악랄한 공산주의자로 매도되던 시절에 미국에서 창설된 '평화를 위한 여성파업'도 그 점에서는 마찬가지였다(이 책 1장에서도 소개된 '평화를 위한 여성파업'은 주로 중산층 백인 기혼 여성들로 구성되었으며, 핵실험의 낙진 때문에 모유에서도 방사능 물질이 검출된다는 조사 결과를 내세우는 등 모성을 부각한 항의 활동을 벌임으로써 공산주의자로 낙인 찍히지 않을 수 있었다). 모성과 신뢰성은 여자들의 갑옷 혹은 의상이 되어주었으며, 여자들은 그 속에서 전자의 경우에는 장군들을, 후자의 경우에는 핵무기 프로그램과 전쟁을 공격했다. 그 역할은 일종의 장막이었고, 누구도 진정으로 자유로울 수 없던 체제에서 여자들은 그 장막 뒤에 섬으로써 제한적인 차원에서나마 행동의 자유를 얻었다.

7

내가 지금보다 젊었을 때, 드넓은 대학 캠퍼스에서 여학생들이 강간을 당하자 대학 측은 모든 여학생에게 해가 지면 밖에 나가지 말라고, 아니면 아예 나돌아다니지 말라고 일렀다. 건물 안에 있어라. (감금은 호시탐탐 여성을 감싸려고 대기하고 있다.) 그러자 웬 장난꾸러기들이 다른 처방법을 주장하는 포스터를 내붙였다. 해가 진 뒤에는 캠퍼스에서 남자를 몽땅 몰아내자는 처방이었다. 그것은 똑같이 논리적인 해법이었지만, 남자들은 겨우 한 남자의 폭력 때문에 모든 남자더러 사라지라는, 이동과 참여의 자유를 포기하라는 말을 들은 데 대해 충격을 감추지 못했다. '더러운 전쟁'의 실종들을 범죄로 명명하기는 쉽다. 하지만 지난 수천년 동안 여자들이 공적 영역에서, 계보도에서, 법적 신분에서, 목소리에서, 삶에서 사라진 것은 뭐라고 불러야 할까? 이딸리아 배우 쎄레나 단디니(Serena Dandini)가 친구들과 함께 꾸린 프로젝트 '죽음에 이르는 상처'(Ferite a Morte)에 따르면, 그들이 '여성 살해'라고 명명하는 정황에서 남자에게 살해되는 여자의 수가 세계적으로 매년 약 66,000명이다(단디니는 여성을 대상으로 한 폭력에 대한 경각심을 높이고자 2012년부터 남편이나 애인에게 살해된 여성들의 사연을 1인칭 대본으로 구성해 무대에 올리고 책으로도 냈는데, 그 프로젝트가 '죽음에 이르는 상처'다). 대부분은 가장 극단적인 감금을, 가장 궁극적인 삭제와 침묵과 실종을 추구하는 연인이나 남편이나 옛 배우자에게 살해된 경우이다. 그런 죽음은 이미 몇년 아니면 몇십년 전부터 여성이 집과 일상에서 협박과 폭력을 통해 침묵당하고 삭제된 뒤에야 발생할 때가 많다. 어떤 여자들은 한번에 조금씩 삭제되고, 어떤 여자들은 단번에 몽땅 삭제된다. 어떤 여자들은 도로 나타난다. 세상에 모습을 드러낸 모든 여자들은 지금도 그들을 사라지게 하려는 세력들과 싸우고 있는 셈이다. 여자의 이야기를 자기가 대신 말하려는 세력들과, 여자를 이야기와 족보와 인권헌장과 법률에 기록하지 않으려는 세력들과. 자신의 이야기를 단어로든 이미지로든 스스로 말할 수 있는 능력은 그 자체로 이미 승리다. 그 자체로 이미 반란이다.

8

빨래를 내다 너는 여자에 대해서, 우리는 아주 많은 이야기를 할 수 있다. 빨랫줄에 옷을 너는 것은 가끔은 즐거운 일이다. 빛으로 나가는 길이다. 아나 떼레사 페르난데스의 그림 속, 침대보에 온통 휘감긴 수수께끼의 형체에 대해서도 우리는 여러 이야기를 할 수 있을 것이다. 빨래 널기는 집안일 중에서 가장 몽환적인 일일지도 모른다. 공기와 태양, 깨끗한 옷에서 물이 증발하는 시간이 관여하는 일이니까. 오늘날 특권층 사람들은 그 일을 거의 하지 않는다. 까만 하이힐을 신은 여자가 주부인지 가정부인지 세상 끝의 여신인지는 우리가 알 수 없지만 말이다. 그녀가 침대보를 너는 게 어떤 의미인가 하는 질문에 대해서도 우리는 답을 알 수 없지만, 어쩐지 나는 말소에 관한 생각들이 줄줄이 연상된다. 말소의 빨랫줄에 널린 듯이. 빨래를 바깥에 너는 것은 건조기가 발명되기 전까지 천을 말리는 일반적인 방법이었고, 요즘도 나는 빨래를 바깥에 널어 말린다. 쌘프란시스코에서 사는 라틴계나 아시아계 이민자들도 그렇다. 차이나타운의 창문들에, 미션디스트릭트의 마당들에 내걸린 빨래는 무수한 기도의 깃발들처럼 나부낀다. 해진 청바지, 아이의 옷, 이 크기의 속옷, 저 줄무늬의 베갯잇은 어떤 이야기를 들려주고 있을까?

9

그림 속에서 성 프란체스꼬는 온몸을 덮는 흰 가운을 걸치고 있다. 우리에게 보이는 것은 강인한 두 손과 한 발, 후드에 가려 어둡게 그늘진 얼굴뿐이다. 왼쪽에서 비추는 빛은 아마도 모직인 듯한 가운의 굵은 주름에 짙게 이랑진 그림자를 드리웠으며, 해골을 껴안은 남자의 두 팔은 동그라미 모양이라 소매의 깊은 주름들이 방사형으로 뻗어나간다. 성인과 이름이 같았던 17세기 스페인 화가 프란시스꼬 데 쑤르바란(Francisco de Zurbarán)은 화폭에 성인들을 담을 때 흰옷을 엄청나게 많이 그렸다(쑤르바란은 성 프란체스꼬를 십여 차례 그렸는데, 여기 묘사된 그림은 현재 미국 밀워키 미술관에 소장된 「무덤에 있는 아시시의 성 프란체스꼬」이다). 폭포처럼 쏟아지면서 성 히에로니무스(Hieronymus)의 몸체를 가린 흰 천, 탈진하여 굴복한 것처럼 두 팔을 치들었으나 팔목에 감긴 사슬 때문에 쓰러지지 않고 계속 매달린 성 쎄라피온(Serapion)의 몸에 빛과 그림자를 드리우며 휘감긴 흰 천. 천은 우리를 불러들이고, 시선을 끌어들이고, 감정을 고조시킨다. 가려진 형상을 대신하여 말한다. 관능적인 육신을 대신하여 그보다 순수하지만 그렇다고 표현력이 결코 덜하지 않은 대체물이 된다. 육체를 숨기는 동시에 육체의 공간을 규정한다. 페르난데스의 그림 속 침대보처럼. 천은 물감의 순수한 쾌락, 빛과 그림자의 순수한 쾌락을 위해서 마련된 환경이다. 옛 화가의 그림 속 어두운 배경에 대비되는 밝음의 원천이다. 쑤르바란의 시대에 실을 잣고 천을 짜서 대개의 직물을 만든 것은 여자들이었지만, 여자들은 그림은 그리지 않았다. 내가 쑤르바란의 전시회를 보았던 오래된 이딸리아 도시에는 아름다운 극장이 하나 있었는데, 벽화가 한가득한 벽과 천장을 보노라니 쌘프란시스코의 화가이자 벽화가인 모나 캐런(Mona Caron)이 떠올랐다. 벽화에 그려진 화관과 리본 때문에 캐런의 작품이 연상된 것이지만, 사실 그 옛날에는 그림을 그릴 수 있는 여자가 거의 없었다. 여자가 어떤 이미지를 공개적으로 만들고, 세상을 보는 방식을 드러내고, 그럼으로써 생계를 꾸리고, 그로부터 오백년이 흐른 뒤에도 사람들이 볼 수 있는 것을 제작할 수 있는 경우는 거의 없었다. 페르난데스의 그림에서 주름과 그림자로 많은 것을 표현하고 있는 흰 천은 침대보다. 침대보는 집을, 침대를, 침대에서 벌어지는 일과 사후에 씻겨나가는 일을, 집 청소를, 여성의 노동을 말한다. 이런 것들이 바로 그림이 말하지만 그림에서 안 보이는 것들이다. 그림에 표현된 여자는 가려져 있지만, 그림으로 표현한 여자는 그렇지 않다.

10

화가가 여러 색의 물감을 튜브에서 짜고, 섞고, 나무틀에 팽팽하게 건 직물에 예술적으로 바른 결과, 우리는 캔버스에 묻은 유화 물감이 아니라 시트를 너는 여자를 보고 있다고 말하게 된다. 그런 캔버스에 담긴 아나 떼레사 페르난데스의 이미지는 세로가 180cm, 가로가 150cm니 인물이 거의 실물 크기인 셈이다. 그림은 무제지만 그림이 포함된 씨리즈 전체에는 제목이 있다. 뗄라라냐(telaraña), 즉 거미줄이다. 그림에 묘사된 여자가 걸린 젠더와 역사의 거미줄, 누군가 짠 천이 장악한 그림에서 여자가 짜고 있는 자신만의 힘의 거미줄. 요즘은 천을 기계로 짜지만 산업혁명 이전에는 여자들이 손수 짰다. 그래서 실을 잣고 천을 짜는 여자는 곧잘 거미에 비유되었고, 옛 이야기 속 거미는 여성으로 묘사되었다. 내가 사는 대륙에서는 호피(Hopi), 푸에블로(Pueblo), 나바호(Navajo), 촉토(Choctaw), 체로키(Cherokee) 원주민 부족의 창조 설화에서 거미 할머니가 우주를 창조한 장본인으로 등장한다. 고대 그리스 신화에는 실을 잣다가 거미로 변신한 불운한 여자의 이야기가 있고(빼어난 직조 솜씨를 자랑하다가 아테나 여신의 노여움을 사서 거미가 되었다는 아라크네를 말한다), 그녀보다 더 강력한 세 운명의 여신은 인간들 한명 한명의 생명선을 잣고 감고 끊음으로써 인간의 삶이 언젠가 반드시 끝이 나는 선형적 내러티브가 되게끔 만들었다고 한다(모이라이Moirai 라고도 하는 세 운명의 여신은 실을 잣는 클로토, 실을 감는 라케시스, 실을 자르는 아트로포스다). 그물 같은 거미줄은 비선형성의 이미지, 무언가가 선택할 수 있는 여러 방향들을, 무언가가 생겨날 수 있는 여러 근원들을 보여주는 이미지다. 한줄로 이어진 후손들만이 아니라 할머니들까지 포함하는 이미지다. 19세기 독일 그림 중에서 리넨을 짤 아마 섬유를 가공하는 여자들을 묘사한 그림이 있다(독일 화가 막스 리버만이 1887년에 그린 「라렌의 아마 직조공장」을 말한다). 나막신을 신고 어두운 색깔의 드레스를 입고 얌전하게 흰 모자를 쓴 여자들이 벽에서 제각기 다른 위치에 서 있는데, 그들의 몸에

117

서 원재료 덩어리가 실이 되어 뽑혀 나온다. 한 사람에 한 가닥씩 뽑혀 나온 실들이 방을 가로지른다. 여자들이 꼭 거미 같고, 여자들의 배에서 실이 나오는 것 같다. 혹은 다른 종류의 빛에서는 눈에 보이지 않는 섬세하고 가는 실로 여자들이 벽에 매인 것 같다. 여자들은 실을 잣고 있고, 그물에 걸려 있다.

그물을 짜되 그물에 걸리지 않는 것, 세상을 창조하는 것, 자신의 삶을 창조하는 것, 자신의 운명을 다스리는 것, 아버지들만이 아니라 할머니들을 호명하는 것, 직선만이 아니라 그물을 그리는 것, 청소부만이 아니라 제작자가 되는 것, 침묵당하지 않고 노래하는 것, 베일을 걷고 모습을 드러내는 것. 바로 이런 것들이 내가 빨랫줄에 너는 현수막들이다.

〔2014〕

MANSPLAIN 6

울프의 어둠

: 불가해한 것을 끌어안기

"미래는 어둡고, 나는 그것이 미래로서는 최선의 모습이라고 생각한다." 버지니아 울프는 1915년 1월 18일 일기에 이렇게 썼다. 당시는 그녀가 서른세살이 거의 다 된 시점이었다. 제1차 세계대전은 유례없는 규모의 파국적 살육으로 변하기 시작했고, 이후에도 몇년 동안 그렇게 지속될 것이었다. 벨기에가 점령당했고, 유럽 대륙은 전쟁에 휩싸였고, 많은 유럽 나라들은 세계의 다른 지역도 침략했으며, 빠나마 운하가 막 개통되었고, 미국 경제는 끔찍한 상태였고, 이딸리아 지진으로 29명이 죽은 지 얼마 되지 않았고, 곧 체펠린 비행선들이 그레이트야머스를 공격해 민

간인 공습의 시대를 열어젖힐 것이었으며, 불과 몇주 뒤에 독일은 서부전선에서 처음으로 독가스를 사용할 참이었다. 하지만 울프의 저 말은 아마도 세계의 미래가 아니라 자신의 미래에 관한 것이었을 것이다.

울프는 정신이상 혹은 우울증이 발병해 자살을 시도한 지 6개월도 지나지 않아서 여전히 간호사들에게 보살핌 내지는 감시를 받고 있었다. 그때까지는 공교롭게도 그녀의 정신병과 전쟁이 비슷한 양상으로 진행되었지만, 이후 울프는 회복한 데 비해 전쟁은 줄곧 내리막으로 곤두박질쳐서 더더욱 피비린내 나는 세월을 4년 가까이 이어갔다. 미래는 어둡고, 나는 그것이 미래로서는 최선의 모습이라고 생각한다. 이 선언은 예사롭지 않다. 이 선언은 우리가 거짓된 점괘를 믿거나 울적한 정치적 혹은 이데올로기적 내러티브를 미래로 투사함으로써 모르는 것을 아는 것으로 바꿀 필요가 없다고 말한다. 이 선언은 어둠을 칭송하며— '나는 … 생각한다' 부분이 암시하듯이—스스로의 선언에 대해서조차 기꺼이 불확실함을 인정한다.

사람들은 대부분 어둠을 두려워한다. 아이들의 경우에는 말 그대로 캄캄한 것을 두려워하고, 어른들의 경우에는 무엇보다도 자신이 모르는 것, 못 보는 것, 모호한 것이라는 어둠을 겁낸다. 그러나 무언가를 구별하고 규정하기 힘든 밤이란 한편으로는 우리가 사랑을 나누는 시간이다. 사물들이 합쳐지고, 변화하고, 매료되고, 흥분하고, 충만해지고, 사로잡히고, 풀려나고, 재생되는 시간이다.

이 글을 쓰기 시작할 무렵, 나는 야생에서의 생존법을 가르쳐주는 로런스 곤잘러스(Laurence Gonzales)의 책을 집었다가 다음과 같은 의미심장한 문장을 발견했다. "계획은, 즉 미래의 기억은 현실이 자신에게 맞는지 시험 삼아 걸쳐본다." 무슨 뜻인가 하면, 그 두가지가 합치하지 않는 듯할 때 사람들은 현실이 주는 경고를 무시한 채 계획에 매달림으로써 위험에 빠지는 경우가 많다는 것이다. 우리는 모르는 것의 어둠, 희미하게만 보이는 공간을 겁낸 나머지 종종 감은 눈의 어둠, 자각하지 못함의 어둠을 선택한다. 곤잘러스는 이렇게 덧붙였다. "연구자들이 지적하는바, 사람들은 그 어떤 정보라도 자기 머릿속 모형에 대한 확증으로 간주하는 경향이 있다. 우리는 타고난 낙천주의자들이다. 자신이 세상을 있는 그대로 보고 있다고 믿는 게 낙천주의라면 말이다. 그리고 계획의 영향 아래에서는 자신이 보고 싶은 것을 보기 쉬운 법이다." 더 많은 것을 보는 것, 선입견은 놓아두고 가볍게 여행하는 것, 눈을 활짝 뜨고 어둠으로 들어가는 것이야말로 작가들과 탐험가 들이 할 일이다.

그러나 모든 작가와 탐험가 들이 그러기를 갈망하거나 그러는 데 성공하는 것은 아니다. 우리 시대의 논픽션은 픽션도 그다지 기꺼워하지 않을 만한 방식으로 점점 더 픽션에 가까워지고 있는데, 한가지 이유는 과거도 여러 측면에서 미래와 마찬가지로 어두울 수 있다는 사실을 작가들이 제대로 감당하지 못하기 때문이다. 세상에는 우리가 모르는 것이 너무 많으므로, 자기 자신이든 자기 어머니든 다른 유명인이든 누군가의 삶에 대해서 혹은 어떤 사건이나 어떤 위기나 다른 문화에 대해서 진실하게 쓴다는 것은 드문드문 존재하는 어두운 부분과 역사의 밤들과 미지의 장소들을 거듭 다뤄야 한다는 것이다. 이런 어둠들은 지식에는 한계가 있다는 사실을, 세상에는 본질적인 미스터리가 있다는 사실을 알려준다. 실은 정확한 정보가 없는 상황에서 우리가 누군가의 생각이나 감정을 정확히 알 수 있다고 보는 개념부터가 한계가 있다.

사실 우리는 자신의 생각이나 감정조차도 모를 때가 허다한데, 하물며 그 질감과 반영(反映)이 우리와는 달랐던 시대에 살다 죽은 사람에 대해서야 어떻겠는가. 빈틈을 메운다는 것은 우리가 완전히 알지는 못하는 어떤 진실을 완전히 안다고 착각하는 어떤 거짓으로 바꾸는 일이다. 우리가 무언가를 다 안다고 착각할 때는 자신이 모른다는 사실을 자각할 때보다 사실 더 모른다. 완결된 지식을 가진 척하는 이런 태도는 어쩌면 실패한 언어의 문제가 아닐까 싶기도 하다. 대담하게 단언하는 언어는 뉘앙스와 모호함과 성찰을 간직한 언어보다 더 간명하고 덜 부담스럽기 때문이다. 후자의 언어에서라면 울프는 달리 비길 상대가 없었다.

어둠의 가치는 무엇일까? 모르는 것을 찾아 모르는 곳으로 과감히 나서는 일의 가치는 무엇일까? 버지니아 울프는 내가 이번 세기에 쓴 책들 중 다섯권에 등장한다. 걷기의 역사를 기록한 『걷기의 역사』, 방랑과 미지의 사용법을 알려주는 『길을 잃고 싶은 사람들을 위한 지침서』(*A Field Guide to Getting Lost*), 집과 가정에 대한 환상에 주목한 『안팎 뒤집기』(*Inside Out*), 스토리텔링과 감정이입과

125

6. 울프의 어둠

질병과 뜻밖의 관계에 관한 『저 멀리 가까이』(*The Faraway Nearby*), 대중의 힘과 변화의 전개 방식을 탐구한 얇은 책 『어둠 속의 희망』(*Hope in the Dark: Untold Histories, Wild Possibilities*)이다. 울프는 내게 시금석 같은 작가로, 호르헤 루이스 보르헤스(Jorge Luis Borges), 이사크 디네센(Isak Dinesen), 조지 오웰(George Orwell), 헨리 데이비드 소로 (Henry David Thoreau), 그밖의 소수의 작가들과 더불어 나만의 판테온에 모셔져 있다.

울프는 이름부터가 좀 야성적이다. 프랑스 사람들은 황혼녘을 '앙트르 르 시엥 에 르 루(entre le chien et le loup)', 즉 개와 늑대 사이의 시간이라고 부르는데, 아닌 게 아니라 버지니아 스티븐은 그 시대에 영국에서 유대인과 결혼함으로써 약간의 야성을 띠기로, 그녀의 계급과 시대 가 규정하는 범절의 경계를 약간 뛰어넘기로 선택한 셈이 었다. 세상에는 다른 울프도 많지만, 나의 울프는 내게 방랑하기, 길 잃기, 익명성, 몰입, 불확실성, 그리고 미지를 사용하는 방법을 안내해준 나의 베르길리우스였다(베르길리 우스Vergilius는 단떼의 『신곡』에서 지옥의 안내자로 나온다). 나는 어둠에 관한 울프의 저 문장을 2004년 작 『어둠 속의 희망』에서 제사(題詞)로 썼다. 『어둠 속의 희망』은 정치와 가능성에 대해 이야기하는 내용으로, 부시 행정부의 이라크 침공이 가져온 여파 속에서 절망에 반격하고자 쓴 책이었다.

바라보기, 보지 않기, 다시 보기

나는 어둠에 관한 울프의 저 문장으로 내 책을 열었다. 한편 문화비평가이자 에세이스트인 수전 손택(Susan Sontag)의 울프는 나의 울프와 같지는 않았는데, 손택은 2003년에 펴낸 공감과 사진에 관한 책 『타인의 고통』 (*Regarding the Pain of Others*)을 울프가 좀더 나중에 쓴 글에서 한 문장을 인용하는 것으로 열었다. 손택의 글은 이렇게 시작한다. "1938년 6월에 버지니아 울프는 『3기니』 (*Three Guineas*)를 출간했다. 그것은 전쟁의 근원에 관한 용감하지만 환영받지 못한 고찰이었다." 이어서 손택은 『3기니』의 서두에 던져진 질문, 즉 "우리가 전쟁을 막으려면 어떻게 해야 할까요?"라는 질문에 대해서 울프가 '우리'라는 말을 쓰기를 거부했던 점을 짚는다. 울프는 그 질문에 선언으로 답했다. "여성인 내게는 조국이 없다."

손택은 이후 그 '우리'에 대해서, 사진에 대해서, 전쟁

억지 가능성에 대해서 울프와 논쟁한다. 손택은 존경심을 품은 채, 그동안 역사적 환경(외부자로서 여성의 지위도 포함하여)이 일변했다는 점을 인식한 상태로, 전쟁을 완전히 종식시킬 수 있다고 믿었던 울프 시대의 유토피아주의를 인지한 상태에서 논쟁한다. 울프하고만 논쟁하는 것도 아니다. 손택은 자기 자신과도 논쟁한다. 자신이 이전에 기념비적 저서 『사진에 관하여』(*On Photography*)에서 사람들은 잔혹한 이미지를 거듭 접하면 무감각해지기 마련이라고 말했던 것을 철회하며, 어떻게 하면 우리가 그것을 계속 바라볼 수 있을지를 고민한다. 왜냐하면 잔혹함은 언제까지나 사라지지 않을 테고, 우리는 어떻게든 그것을 계속 다뤄야 하기 때문이다.

손택은 당시 이라크와 아프가니스탄에서 한창이던 것과 비슷한 유의 전쟁의 한가운데에 놓인 사람들을 생각하며 책을 맺는다. 그녀는 전쟁을 겪는 사람들에 대해서 이렇게 썼다. "'우리'는—이때 '우리'는 그들과 비슷한 경험을 겪지 않은 다른 모든 사람들이다—이해하지 못한다. 우리는 알지 못한다. 우리는 전쟁의 실체를 제대로 상상하지 못한다. 우리는 전쟁이 얼마나 무서운지, 얼마나 끔찍한지 상상하지 못한다. 전쟁이 얼마나 당연한 것처럼 되어버렸는지도. 우리는 이해하지 못하고, 상상하지 못한다."

손택 또한 우리에게 어둠을, 미지를, 불가지(不可知)를 받아들이라고 말한다. 홍수처럼 쏟아지는 이미지에 현혹되어 다 이해한다고 믿어버리거나 스스로가 고통에 무감각해지도록 내버려두지 말라고 말한다. 그녀는 앎이 감정을 일깨우기도 하지만 마비시키기도 한다고 말한다. 그러나 그녀는 우리가 그 모순을 해소할 수 있다고는 생각하지 않는다. 그녀는 그저 우리에게 계속 사진을 봐도 좋다고 허락하고, 사진 속 피사체들에게는 그들이 겪는 경험의 불가지성을 타인들로부터 인정받을 권리를 허락한다. 그리고 스스로도 인정한다. 우리가 비록 완전히 헤아리진 못해도 여전히 마음을 쓸 수 있다는 것을.

한가지 손택이 말하지 않은 점은, 우리가 우리 눈에 전혀 보이지 않는 고통에 대해서는 반응할 수 없다는 점이다. 요즘처럼 죽음과 잔혹행위를 고발하는 이메일이 매일같이 답지하고 아마추어들과 전문가들이 전쟁과 위기를 기록한 자료가 넘치는 시대에도, 우리 눈에 보이지 않는 부분은 여전히 많다. 정권들은 갖은 애를 써서 시체와 죄

수와 범죄와 부패를 숨긴다. 그럼에도, 바로 지금 이 순간에도, 누군가는 신경을 쓸지도 모른다.

'해석에 반대한다'(Against Interpretation)라는 제목의 글로 공적인 경력을 시작한 손택은 불확정성을 찬양하는 사제였다. 손택은 그 글의 첫머리에서 "예술에 대한 최초의 경험은 틀림없이 주술적이고 마술적이었을 것이다"라고 말하며, 뒤에서는 "오늘날 해석은 대체로 반동적이고 억압적인 작업이 되었다. 해석은 지성이 세상에 가하는 복수다. 해석하는 것은 빈약하게 만드는 것이다"라고 덧붙였다. 그리고 물론 그녀는 이후 해석하는 삶을 살았으며, 최고의 순간에는 무조건적인 분류와 지나친 단순화와 손쉬운 결론에 저항하는 데 있어서 울프와 어깨를 나란히 했다.

손택이 울프와 논쟁했던 것처럼, 나는 손택과 논쟁했다. 손택을 처음 만났을 때 나는 그녀와 어둠에 관해서 논쟁했는데, 스스로도 놀랍게도 지지 않았다. 그녀의 마지막 책이자 유고 산문집인 『문학은 자유다』(At the Same Time: Essays and Speeches)를 펼치면, 내가 제공한 생각과 사례가 꼭 그녀 양말 속에 굴러든 깔끄러운 모래알처럼 짧게 삽입된 대목이 있다. 때는 이라크전쟁이 막 터진 2003년 봄이었고, 손택은 오스카 로메로 상 시상식에서 낭독할 기조연설문을 쓰고 있었다. (그해의 상은 이스라엘의 선택적 병역거부위원회 의장인 이샤이 메뉴힌Ishai Menuchin에게 돌아갔다.)

울프가 죽었을 때 손택은 아홉살쯤이었다. 내가 창밖으로 괴수상(gargoyle)의 궁둥이가 내다보이고 탁자에는 연설문 일부가 인쇄된 종이들이 수북이 쌓인 뉴욕 첼시의 꼭대기층 아파트에서 손택을 만났을 때, 그녀는 일흔살이었다. 찬장에서 수십년은 묵었을 것 같은 눅눅한 민들레뿌리 차를 마시면서 나는 그녀의 원고를 읽었다. 그 부엌에는 에스프레소를 대신할 음료라곤 그것뿐이었다. 원고에서 그녀는 설령 저항이 소용없을 것이라고 생각되더라도 우리가 원칙에 의거하여 계속 저항해야 한다고 주장했다. 당시에 나는 희망을 옹호하는 글을 쓰기 시작하려던 참이라, 그녀에게 우리의 행동이 소용없을지는 아무도 모르는 일이라고 말했다. 우리에게는 미래의 기억이 없고, 미래는 정말로 어두운데 그것이야말로 미래로서는 최선의 형태이고, 우리는 결국에는 늘 어둠 속에서 행동하기 마련이라고 말이다. 우리 행동의 효과는 우리가 예견하지 못한, 심지어 상상하지도 못한 방식으로 펼쳐질 수 있다. 우리가 죽고 나서 한참 후에 나타날 수도 있다. 수많은 작가들의 경우에도 그들의 말이 가장 널리 울려퍼진 것은 사후가 아니었던가.

게다가 무엇보다도 지금 우리야말로 75년 전에 죽었지만 어떤 의미에서는 우리의 수많은 생각 속에 생생하게 살아남아서 대화의 참가자이자 행동의 계기가 되어주는 여성의 말을 곱씹고 있지 않은가. 저항에 관한 손택의 그 연설문은 2003년 봄에 '톰디스패치'에 실렸고 몇년 뒤에 『문학은 자유다』에도 실렸다. 그 속에는 소로의 사후 영향력과 네바다 핵시험장을 언급한 대목이 있다(지금까지 천개도 넘는 핵폭탄이 터진 네바다 핵시험장은 내가 1988년부터 몇년 동안 핵무기 경쟁에 반대하는 위대한 시민불복종 운동에 참가했던 장소다). 나중에 나도 『어둠 속의 희망』에서 똑같은 사례를 이야기했다. 그 책에는 우리 반핵운동가들이 가장 명시적인 목표였던 네바다 핵시험장 폐쇄에는 성공하지 못했지만 뜻밖에도 카자흐스탄 사람들에게 영감을 주어 그들이 1990년에 소련 핵시험장을 폐쇄하는 데 성공하도록 기여한 일이 기록되어 있다(1989년에 결성

되어 쎄미빨라찐스끄의 핵시험장 폐쇄에 성공한 반핵운동조직은 스스로를 '네바다 쎄미빨라찐스끄' 운동으로 칭했다). 그것은 우리가 전혀 예견하지 못한, 결코 예견할 수 없는 일이었다.

나는 네바다 핵시험장을 비롯한 여러 장소에서 배운 많은 교훈을 『야만적인 꿈들: 미국 서부의 풍경전쟁』(*Savage Dreams: The Landscape Wars of the American West*)에 적었다. 이 책은 역사의 기나긴 궤적을, 의도하지 않은 결과와 지연된 효과를 이야기한다. 위대한 수렴과 충돌의 장소로서 네바다 핵시험장은 ─ 또한 손택과 울프처럼 모범이 되는 작가들은 ─ 내게 글쓰기를 가르쳐주었다. 그리고 그로부터 오랜 시간이 흐른 뒤, 손택은 내가 그녀의 부엌에서 나눈 대화에서 언급한 사례들과 글로 쓴 몇몇 세부사항들을 가져다가 원칙에 의거한 활동을 주장하는 자신의 논증에 보탰다. 그것은 내가 결코 예상하지 못한 작은 효과였으며, 마침 우리가 둘 다 버지니아 울프를 소환한 해에 벌어진 일이었다. 우리 두 사람이 각자 울프를 인용한 책에서 좇기로 한 원칙들을, 우리는 울프주의라고 불러도 좋으리라.

두 겨울 산책

내게 희망의 근거는 단순하다. 우리는 다음에 벌어질 일을 모른다는 것, 세상에는 있을 법하지 않은 일과 상상할 수 없었던 일이 꽤 자주 벌어진다는 것. 비공식적인 세계사가 이미 보여주었듯이, 헌신하는 개인들과 대중운동들이 역사를 만들 수 있으며 만들고 있다는 것. 우리가 언제 어떻게 이길지, 얼마나 걸릴지는 예측할 수 없지만 말이다.

절망은 확실성의 한 형태다. 미래가 현재와 거의 같거나 현재보다 쇠락하리라고 믿는 확실성이다. 곤잘러스의 공감되는 표현을 빌려서 말하자면, 절망은 미래에 대한 확실한 기억이다. 마찬가지로 낙관도 앞으로 벌어질 일을 확신한다. 절망과 낙관은 둘 다 행동하지 않을 근거로 작용한다. 따라서 우리에게는 그런 기억이 없다는 사실을 아는 것, 현실이 반드시 우리 계획과 일치하진 않는다는 사실을 아는 것이야말로 희망일 수 있다. 창조력과 마찬가지로, 희망은 낭만파 시인 존 키츠(John Keats)가 말했던 이른바 소극적 능력(negative capability)에서 생겨날 수 있다.

울프가 어둠에 관한 문장을 일기에 쓴 시점으로부터 한 세기 남짓 앞선 1817년 한겨울의 어느 밤 존 키츠는 친구들과 이야기를 나누면서 집으로 걸어 돌아왔고, 나중에 어느 유명한 편지에서 그날의 산책을 이렇게 묘사했다. "여러가지 생각들이 머릿속에서 매끄럽게 맞아떨어져서, 성취하는 사람에게는, 특히 문학적 성취를 거두는 사람에게는 어떤 특징이 있어야 하는가에 대한 답이 대번에 떠올랐어. … 그건 소극적 능력이야. 사실과 이성을 찾아서 초조하게 헤매는 대신에 불확실성, 미스터리, 의문을 수용할 줄 아는 능력이지."

걸으면서 말하는 동안 머릿속에서 여러가지 생각들이 맞아떨어졌다는 키츠의 일화를 보면, 슬렁슬렁 거니는 산책이 상상력을 거닐게하고 그럼으로써 무언가를 깨닫게 해준다는 것을 알 수 있다. 그런 이해는 그 자체로 창조활동이다. 성찰을 야외활동으로 바꿔놓는 활동이다. 울프는 회고록 「과거의 스케치(A Sketch of the Past)」에서 이렇게 썼다. "그러던 어느날 태비스톡 광장을 거닐다가, 나는 다른 책을 쓸 때도 가끔 그랬던 것처럼 머릿속에서 『등대로』(*To the Lighthouse*)를 써내려갔다. 나로서도 부지불식간에, 엄청난 속도로. 한 생각이 곧장 다음 생각으로 이어졌다. 빨대로 거품방울을 불면 머릿속에서 발상들과 장면들이 쏜살같이 뿜어져나오는 느낌인데, 그 때문에 길을 걷는 내 입술이 저절로 읊조리는 듯했다. 무엇이 거품방울을 불어 냈을까? 왜 하필 그때였을까? 나는 모른다."

내가 볼 때 울프가 지닌 천재성의 일면은 바로 그런 알지 못함, 즉 소극적 능력이었다. 언젠가 하와이의 어느 식물학자 이야기를 들었다. 그는 새로운 종을 찾는 능력이 뛰어난 사람이었는데, 그가 밝힌 요령은 밀림에서 길을 잃는 것, 자신이 아는 지식과 방법을 넘어서는 것, 경험이 지식을 압도하도록 허락하는 것, 계획이 아니라 현실을 택하는 것이라고 했다. 울프는 정신과 다리가 둘 다 예측할 수 없는 방식으로 배회하는 산책을 유용하게 활용했을 뿐 아니라 글에서도 칭송했다. 그녀가 1930년에 쓴 근사한 에세이 「거리 떠돌기: 런던 모험(Street Haunting: A London Adventure)」은 초기의 여느 에세이들처럼 어조는 가볍고 경쾌하지만 사실은 깊은 어둠을 여행하는 글이다.

그 글에 묘사된 산책은 실제 일화를 픽션화한 것일 수도 있고 아예 지어낸 것일 수도 있다. 어느 겨울날 해거름녘에 그녀가 연필을 사기 위해서 런던 거리로 나선다는 설정인데, 사실 그 설정은 어둠을, 방랑을, 창조성을, 정체성의 소멸을, 육체가 일상적인 경로를 거니는 동안 머릿속에서 벌어지는 대단한 모험을 경험하기 위한 핑계에 지나지 않는다. 울프는 이렇게 썼다. "저녁시간 또한 우리에게 어둠과 램프 불빛이 제공하는 무책임함을 선사한다. 우리는 더 이상 우리 자신이 아니다. 날이 좋은 저녁 네시에서 여섯시 사이에 집을 나설 때, 우리는 친구들이 아는 우리의 자아를 벗어둔 채 익명의 보행자들로 이루어진 거대한 공화국 군대의 일부가 된다. 자기만의 방에서 고독을 맛본 뒤라서, 그들과의 사교는 참으로 기껍다." 울프가 여기에서 묘사한 사회는 정체성을 강요하지 않고 오히려 해방시키는 사회, 낯선 사람들의 사회, 거리들의 공화국, 대도시가 발명한 익명성과 자유의 경험이다.

성찰은 대개 고독한 실내활동으로 묘사되곤 한다. 독방에 든 수도사, 책상에 앉은 작가. 울프는 여기에 반대하면서 "집에서는 우리가 옛 경험의 기억을 떠올리게 만드는 물체들에 둘러싸여 앉아 있다"라고 말한다. 그리고 그 물체들을 묘사한 뒤에 이렇게 말한다. "하지만 문이 닫히면, 그런 것들은 사라진다. 우리 영혼이 자신을 담아두기 위해서, 남들과는 다른 형태를 스스로 빚어내기 위해서 분비한

껍데기와도 같은 외피가 갈라지며, 주름지고 거친 그 껍데기 중심에 진주알과도 같은 지각만이, 하나의 거대한 눈만이 남는다. 겨울 거리는 또 얼마나 아름다운지!"

이 문장은 내가 쓴 책 『걷기의 역사』에도 인용되었다. 『걷기의 역사』는 걷기뿐만 아니라 정처 없는 방랑의 역사와 움직이는 마음의 역사를 이야기한 책이다. 집이라는 껍데기는 보호막이면서 감옥이다. 그것은 바깥에서는 사라질지도 모르는 친숙함과 연속성으로 이뤄진 외피다. 거리를 걷는 것은 사회에 관여하는 행위일 수 있으며, 봉기나 시위나 혁명에서처럼 여러 사람이 함께 걸을 때는 정치적 행동일 수도 있다. 그러나 또한 걷기는 몽상과 주관성과 상상력을 이끌어내는 수단일 수도 있다. 그런 걷기는 바깥 세상의 자극과 방해가 내면에서 흐르는 이미지나 욕망(그리고 두려움)과 함께 연주하는 이중주이다. 생각은 때로 야외활동, 육체적인 활동이다.

이런 환경에서는 훼방받지 않는 집중이 아니라 가벼운 주의산만이 상상력을 추동하곤 한다. 그럴 때 생각은 우회로로 간다. 곧바로는 가닿을 수 없는 장소를 향하여 슬렁슬렁 에둘러 간다. 울프가 「거리 떠돌기」에서 묘사한 상상의 산책은 오락에 불과했을지도 모르지만, 울프는 실제로 그런 산책의 와중에『등대로』를 구상했으며, 책상에 앉은 채로는 불가능했을지도 모르는 방식으로 창작을 북돋웠다. 창조작업이란 무릇 예측 불가한 방식으로 이뤄지는 법이다. 배회할 공간이 필요하고, 일정과 체계는 거부된다. 그 방식은 복제 가능한 공식으로 환원되지 않는다.

공공 공간, 도시 공간은 개인이 사회의 일원으로서 다른 구성원들과 접촉하며 시민의 용무를 처리하는 공간이기도 하지만, 이런 경우에는 오히려 개인의 정체성이 부여하는 유대와 구속으로부터 벗어나게끔 해주는 공간이다. 울프는 길 잃기를 찬양한다. 말 그대로 길을 못 찾는다는 의미에서의 길 잃기가 아니라 미지에 대해 열려 있다는 의미에서의 길 잃기이다. 또한 그녀는 물리적 공간이 정신적 공간을 제공한다는 사실을 찬양한다. 그녀가 말하는 것은 백일몽, 이 경우에는 석(夕)일몽이라고 해야 옳을지도 모르겠지만, 그러니까 자신이 다른 사람이 되어 다른 장소에 있다고 상상하는 일이다.

「거리 떠돌기」에서 울프는 정체성 자체도 의심한다.

아니면 진정한 자아란 이것도 아니고 저것도 아니며, 여기도 없고 저기도 없으며, 너무나도 다채롭고 종잡을 수 없는 것이라서, 우리가 그것에 고삐를 넘기고 그것이 방해받지 않고 제 갈 길을 가도록 내버려두었을 때만 진정으로 우리 자신이 될 수 있는 것일까? 환경은 통일성을 강제한다. 인간은 편의상 온전한 하나가 되어야 한다. 훌륭한 시민은 저녁에 대문을 열었을 때 은행가, 골퍼, 남편, 아버지여야 하지 사막을 방랑하는 유목인, 밤하늘을 응시하는 신비주의자, 쌘프란시스코 슬럼의 탕아, 혁명을 이끄는 군인, 회의주의와 고독으로 울부짖는 떠돌이여서는 안 된다.

그러나 그녀는 말한다. 그는 곧 그 모든 사람이며, 그가 다른 존재가 되지 못하도록 막는 구속은 그녀의 것이 아니라고.

불확정성 원리
울프는 "내 안에 다수가 있다"라던 시인 월트 휘트먼(Walt Whitman)의 말을 좀더 내향적인 형태로 요구한 셈이고, "나는 타자다"라던 시인 랭보(J. N. Arthur Rimbaud)의 말을 좀더 섬세한 형태로 요구한 셈이다. 그녀는 한계이자 심지어 억압인 정체성의 통일을 강세하지 않는 환경을 요구한다. 그런데 그녀가 소설 속 인물들을 위해서 그런 환경을 요구했다는 사실은 자주 이야기되는 데 비해, 그녀가 여러 에세이에서도 탐구적이고 비판적인 목소리로 그런 환경을 칭송하고 확장하고 요구하며 스스로 실례가 되어 보였다는 점은 자주 이야기되지 않는다. 에세이에서 그녀는 다수성, 환원 불가능성, 그리고 아마도 미스터리를 고집했다. 미스터리가 쉼없이 다른 무언가가 되는 능력, 넘어서는 능력, 속박되지 않는 능력, 더 많은 것을 포함하는 능력을 뜻한다면 말이다.

울프의 에세이는 그런 속박되지 않은 의식, 그런 불확정성 원리에 대한 선언인 동시에 그것에 대한 예시 혹은 탐구인 경우가 많다. 울프의 에세이는 또한 반(反)비평의 모형이라 할 수 있는데, 대개 비평의 목적은 대상을 확실히 못 박는 것이라고 여겨지기 때문이다. 나는 미술비평가로 일할 때 미술관이 화가를 사랑하는 방식은 박제사가 사슴을 사랑하는 방식과 같다고 농담하곤 했다. 이른바 예술계라는 구속 속에서 일하는 사람들의 마음속에는 모호하고 모험적이고 결론이 열려 있는 예술작품을 고정하고, 안정시키고, 분명하고 뚜렷한 것으로 만들려는 욕망이 있을 때가 많다.

이런 식으로 작품의 유동성을, 예술가가 품은 의도와 의미의 모호성을 공격하는 행태는 문학비평과 학계에서도 자주 볼 수 있다. 이것은 불확실한 것을 확실하게 만들려는 욕망, 알 수 없는 것을 알려는 욕망, 하늘을 나는 것을 접시에 놓인 통구이로 바꾸려는 욕망, 모든 것을 분류하고 가두려는 욕망이다. 그런 사람들은 그런 방식으로 범주화할 수 없는 것은 아예 탐지하지 못할 수도 있다.

그러나 예술작품에 적극 관여하고 의미를 열어젖히고 가능성을 환영함으로써 작품을 더욱 확장하고자 노력하는 일종의 반비평도 불가능하지는 않다. 위대한 비평은 예술작품을 해방시킴으로써 작품을 더 완전히 보여주고, 계속 살아 있게 하며, 끝없이 이어지면서 끝없이 상상력을 북돋는 대화로 끌어들인다. 해석에 반대하는 게 아니라 구속에 반대한다. 영혼을 죽이는 것에 반대한다. 그런 비평은 그 자체로 위대한 예술이다.

그런 비평은 비평가를 텍스트에 맞세우지 않고, 권위를 추구하지 않는다. 그 대신 작품에 담긴 생각들과 함께 여행한다. 작품에는 꽃피울 기회를 제공하고, 사람들에게는 이전에는 이해할 수 없다고 느꼈을지도 모르는 대화에 참여할 기회를 제공한다. 이전에는 눈에 보이지 않았을지도 모르는 관계들을 드러내고, 이전에는 잠겨 있었을지도 모르는 문들을 열어젖힌다. 이런 비평은 예술작품의 본질적인 미스터리를 존중하는데, 그런 미스터리야말로 예술작품이 간직한 아름다움과 즐거움의 일부분이며, 아름다움과 즐거움은 둘 다 비환원적이고 주관적인 것이다. 최악의 비평은 자신이 최종 선고를 내리고 싶어하고 나머지 사람들은 계속 침묵하기를 바란다. 그러나 최고의 비평은 언제까지나 끝날 필요가 없는 대화를 시작하려고 한다.

해방

울프는 텍스트를, 상상력을, 소설 속 인물들을 해방시켰다. 그리고 우리 자신을 위해서도, 특히 여성들을 위해서도 그런 자유를 요구했다. 바로 이 점이 울프의 핵심이자 내가 최고로 모범적이라고 여기는 특징이다. 그녀가 칭송했던 해방은 공식적, 제도적, 이성적 해방이 아니라 익숙한 것, 안전한 것, 알려진 것을 넘어서 좀더 넓은 세상으로 나아가는 해방이었다. 그녀가 요구했던 여성해방은 단순히 남자들이 수행하는 제도적 활동의 일부를 여자들도 수행할 수 있어야 한다는 게 아니라(요즘은 여자들도 다 한다), 지리적 차원에서든 상상력의 차원에서든 자유롭게 쏘다닐 수 있도록 해달라는 것이었다.

그러기 위해서는 여러 실제적인 형태의 자유와 힘이 필요하다는 사실을 울프는 잘 알았다. 그녀는 『자기만의 방』(*A Room of One's Own*)에서 그런 주장을 펼쳤는데, 흔히 여성에게는 자기만의 방과 돈이 필요하다는 주장으로만 기억되는 그 책에는 예의 유명한 극작가의 불운한 여동생 주디스 셰익스피어의 멋지고 비참한 사연을 통해서 여성에게는 또한 대학과 전세계가 필요하다는 주장도 담겨 있다. "그녀는 자신의 재능을 훈련할 수 없었다. 하물며 술집에서 식사를 하거나 한밤중에 거리를 쏘다닐 수 있었겠는가?" 술집에서의 식사, 한밤중의 거리 산책, 도시의 자유로움은 우리의 자유에 결정적인 요소들이다. 우리의 정체성을 규정하기 위해서가 아니다. 정체성을 잃기 위해서다.

어쩌면 울프의 소설 『올랜도』(*Orlando*)에서 수백년을 살면서 한 성(性)에서 다른 성으로 변신했던 주인공 올랜도야말로 의식, 정체성, 로맨스, 장소 속에서 마음껏 쏘다닐 절대적 자유라는 울프의 이상을 구현한 인물인지도 모른다.

해방의 문제는 「여성의 직업(Professions for Women)」이라는 글에도 다른 방식으로 나온다. 이 글에서 울프는 집안의 천사, 즉 자신을 제외한 모든 사람의 요구와 기대를 만족시키는 이상적 여성을 죽이는 작업을 재미나면서도 매섭게 묘사했다.

나는 최선을 다해서 그녀를 죽였다. 만일 내가 법정에 서야 한다면, 내 행동은 정당방위였다고 변명하리라. … 집안의 천사를 죽이는 것은 여성 작가의 직분에 포함되는 일이었다. 이제 천사는 죽었다. 그러면 무엇이 남았는가? 잉크병과 함께 침실에 앉아 있는 젊은 여자라는 단순하고 흔한 것이 남았다고 말할 수 있다. 달리 말해, 이제 젊은 여자는 자신에게서 허위를 제거했으므로, 앞으로는 그저 그녀 자신이기만 하면 된다. 아, 그러나 대체 그 '그녀 자신'이란 무엇인가? 그러니까 여성이란 무

엇인가? 장담하건대, 나는 모른다. 당신이 알 것 같지도
않다.

이쯤 되면 여러분은 울프가 "나는 모른다"라는 말을 꽤
자주 쓴다는 걸 눈치챘을 것이다.

울프는 이어서 말한다. "집안의 천사 죽이기, 그 문제는
내가 해결했다고 생각한다. 그녀는 죽었다. 그러나 두번
째 문제, 하나의 육체로서 나 자신의 경험을 진실되게 이
야기하는 문제는 내가 해결한 것 같지 않다. 누구든 해결
한 여성이 있을 것 같지도 않다. 여성을 막아선 장애물들
은 여전히 엄청나게 강력한데, 그럼에도 정확히 규정하기
는 대단히 까다롭다." 이것이 바로 멋진 말투로 우아한 불
응을 드러내는 울프만의 방식이며, 자신의 진실이 육체적
이어야 한다는 발상은 그녀가 그 말을 꺼내기 전에는 우리
로선 상상조차 할 수 없었을 만큼 그 자체로 급진적이다.
울프의 작품에서 육체성이 등장하는 방식은 가령 조이스
(James Joyce)의 작품에 비해 훨씬 더 점잖지만, 아무튼 등
장하기는 한다. 그리고 그녀가 주로 추구하는 것은 힘을
얻는 방법이지만, 참으로 그녀답게도 울프는 「아픈 것에

대하여(On Being Ill)」라는 에세이에서 질병으로 무력한 상태조차 해방적일 수 있다고 말한다. 건강한 사람이 알지 못하는 것을 알아차림으로써, 텍스트를 신선한 시각으로 읽음으로써, 종래와는 다른 존재로 변형됨으로써 가능하다는 것이다. 내가 아는 한 울프의 모든 작품은 일종의 오비디우스식 변신이다. 그런 변신에서 그녀가 추구하는 자유는 쉼없이 다른 무언가로 변하고, 탐험하고, 방랑하고, 넘어서는 자유다. 그녀는 탈출 마술사이다.

몇몇 구체적인 사회 변화를 요구했다는 점에서, 울프는 혁명가였다. (그녀에게도 물론 자신이 속한 계급, 장소, 시대에서 비롯한 결함과 맹점이 있었고, 어떤 측면에서 그녀는 그것들을 넘어서서 바라볼 줄 알았음에도 전부 다 넘어서진 못했다. 그리고 지금 우리에게도 후세대가 어쩌면 비난할 수도, 비난하지 않을 수도 있는 맹점들이 있다.) 그러나 그녀가 꿈꾼 해방은 또한 내면적이고 감정적이고 지적인 해방이었다.

내가 지난 20년가량 글로 먹고살면서 스스로 설정한 임무는 사물의 핵심에 있는 미묘한 것, 계산할 수 없는 것, 그리고 그 기쁨과 의미를—즉 범주화하기 불가능한 것들

147

을—묘사하는 언어를 찾아내거나 새로 만들어내는 것이었다. 내 친구 칩 워드(Chip Ward)는 "계량 가능한 것의 폭압"이라는 표현을 쓰곤 한다. 측정될 수 있는 것이 측정될 수 없는 것에 거의 언제나 우선한다는 뜻이다. 사익이 공익에, 속도와 효율이 즐거움과 품질에, 공리주의가 미스터리와 의미에 우선한다. 사실 우리의 생존에는, 또한 우리의 생존 이상의 차원에는, 또한 우리보다 더 오래 살아남을 모종의 목적과 가치를 지니고 있기 때문에 우리 문명이 간직할 필요가 있는 다른 생명들에는 후자가 훨씬 더 유용한데도 말이다.

계량 가능한 것의 폭압은 우리의 언어와 담론이 좀더 복잡미묘하고 유동적인 현상을 묘사하는 데 실패한 탓이기도 하다. 그처럼 종잡을 수 없는 것들을 이해하고 아끼자는 의견을 형성하고 결정을 내리는 데 실패한 탓이기도 하다. 호명할 수 없거나 묘사할 수 없는 것을 아끼기란 어려운 일이다. 심지어 불가능할 때도 있다. 따라서 호명과 묘사는 현 상태의 자본주의와 소비주의에 대항하는 어떤 반란에서도 긴요한 작업이다. 부분적으로나마, 어쩌면 중요한 부분일지도 모르는데, 지구의 파괴는 결국 우리에게 상상력이 부족한 탓이거나 정말로 중요한 것을 헤아릴 줄 모르는 계산체계가 우리의 상상력을 가린 탓이다. 이런 파괴에 맞서는 반란은 상상력의 반란이다. 미묘한 것, 돈으로 살 수 없고 기업이 구사할 수 없는 즐거움, 의미의 소비자가 되기보다 생산자가 되는 것, 그리고 느린 것, 배회하는 것, 일탈하는 것, 캐묻는 것, 신비스러운 것, 불확실한 것을 선호하는 반란이다.

이 글은 울프에게서 딴 인용문으로 맺고 싶다. 화가인 친구 메이 스티븐스(May Stevens)가 어느 그림에 텍스트로 써넣은 뒤에 보내준 글인데, 나는 이 글을 『길을 잃고 싶은 사람들을 위한 지침서』에서도 인용했다. 메이의 그림에 적힌 울프의 기다란 문장들은 흡사 흐르는 물처럼 보인다. 우리 모두를 휩쓸어 떠받치는 자연력이다. 울프는 『등대로』에서 이렇게 썼다.

지금으로서는 그녀는 다른 누구도 생각할 필요가 없었다. 그녀는 혼자서 자기 자신이 될 수 있었다. 그것이야말로 그녀가 자주 필요하다고 느끼는 일이었다. 생각하는 것. 생각조차 하지 않는 것. 조용히 있는 것. 혼자 있는 것. 모든 존재와 행위는, 모든 확장하고 반짝거리고 소리내는 것들은 증발했다. 그녀는 자못 엄숙한 기분을 느끼며 자기 자신으로 쪼그라들었다. 쐐기 모양을 한 어둠의 핵으로, 남들에게는 보이지 않는 무언가로 줄어들었다. 그녀는 계속 뜨개질을 했고, 계속 꼿꼿하게 앉아 있었지만, 그래도 이제 자기 자신을 느꼈으며, 거치적거리는 것들을 모두 떨어낸 자아는 더없이 기묘한 모험을 자유롭게 할 수 있었다. 삶이 일순간 그렇게 가라앉을 때, 경험의 폭은 무한해지는 것 같았다. … 그 아래는 온통 캄캄하고, 온통 퍼져나가고, 헤아릴 수 없이 깊다. 그러나 우리는 간간이 수면으로 올라온다. 사람들은 그 모습으로 우리를 본다. 그녀의 수평선은 그녀의 무한인 것 같았다.

울프는 우리에게 무한을 주었다. 그것은 움켜쥘 수 없는 것, 어서 껴안아야 하는 것, 물처럼 유동하는 것, 욕망처럼 가없는 것, 길을 잃고 싶은 사람들을 위한 나침반이다.

〔2009〕

150

MAN SPLAIN 7

악질들 사이의
카산드라

진실을 말했지만 사람들이 믿어주지 않았던 여성 카산드라의 이야기는 늑대가 나타났다는 거짓말을 반복했을 때 처음 몇번은 사람들이 믿어주었다는 양치기 소년의 이야기만큼 우리 문화에 깊이 새겨져 있진 않다. 그러나 그렇게 되어야 할지도 모른다. 트로이 왕의 딸 카산드라는 정확하게 예언할 줄 알지만 아무도 그 말을 믿어주지 않는 저주에 걸렸다. 사람들은 그녀를 미치광이에 거짓말쟁이로 생각했고, 어떤 기록에 따르면 그녀를 가둬두기도 했다. 나중에 아가멤논이 그녀를 전리품으로 데려가지만, 그녀는 결국 그가 살해될 때 함께 살해되었다.

153

7. 악질들 사이의 카산드라

그동안 젠더전쟁의 험난한 물결을 헤쳐오면서, 나는 줄곧 카산드라를 떠올렸다. 그런 전쟁에서 신뢰성이란 그야말로 기본이 되는 힘이고, 그 측면에서 여성들은 집단적으로 다소 부족하다는 비난을 자주 받기 때문이다.

여자가 무언가 남자를 힐책하는 말을 하면, 특히 그것이 기득권의 핵심에 놓인 남자에 대한 말이라면, 사람들은 그 발언의 진실성을 의심할 뿐 아니라 그녀에게 그렇게 말할 능력이 있는가, 심지어 권리가 있는가 의심하는 반응을 보인다. 이런 일은 전혀 드물지 않게 벌어진다. 그동안 세대를 막론하고 모든 여자는 자신들이 망상적이고, 헷갈려하고, 타인을 조종하려 들고, 사악하고, 음모론적이고, 선천적으로 부정직하다는 비난을 들어왔다. 가끔은 그 모든 표현들을 동시에.

내가 흥미롭게 느끼는 문제는 왜 사람들이 여성의 말을 일축하려는 충동을 느끼는가, 그리고 그런 비난이 왜 그렇게 자주 여성은 대단히 부조리하거나 히스테릭하다는 비난으로 빠지는가 하는 점이다. 부조리와 히스테리는 여성이 일상적으로 받는 비난이다. 그러나 가령 (조지타운 법대 학생) 쌘드라 플루크(Sandra Fluke)가 청문회에서 민주당 의원들에게 피임 관련 의료비 지원 예산을 요구하는 발언을 한 것을 두고 그녀를 "잡년"이자 "매춘부"라고 부른, 실은 피임의 작동방식조차 이해하지 못한 것이 분명한 (보수 논객) 러시 림보(Rush Limbaugh)에게도 때로는 히스테릭하다고 표현하면 좋겠다──그는 단어 샐러드(연관 없어 보이는 단어들을 잡탕처럼 늘어놓는 것. 신경질환에 의한 언어 장애를 가리키는 용어로도 쓰인다)의 왕, 사실 왜곡 장애가 있는 사람, 내내 짜증 내는 인간이다.

레이철 카슨이 살충제의 위험을 경고한 기념비적 저서 『침묵의 봄』(*Silent Spring*)을 출간했을 때, 사람들은 그녀에게 히스테릭하다는 딱지를 붙였다. 책에는 카슨이 조사한 모든 내용이 꼼꼼하게 각주로 달려 있고, 지금에 와서는 그 책의 주장이 선구적이었다고 여겨진다. 그러나 당시 화학회사들은 기분이 나빴고, 그녀가 여성이라는 사실은 말하자면 그녀의 아킬레스건이었다. 1962년 10월 14일 『애리조나 스타』는 '지나치게 히스테릭한 항의, 『침묵의 봄』'이라는 제목으로 서평을 실었다. 그전달에 『타임』은──DDT가 인체에 전혀 유해하지 않다고 안심시키는 기사에서──카슨의 책을 "불공평하고, 일방적이고, 히스테릭할 만큼 지나치게 감정적인" 책이라고 묘사했다. 기사는 "많은 과학자들이 카슨 양의 … 자연의 균형에 대한 신비주의적 애착에 공감한다"라고 인정하면서도 "그러나 그들은 그녀의 감정적이고 부정확한 토로가 … 해로울 수도 있다고 우려한다"라고 덧붙였다. 말이 나왔으니 말인데, 카슨 본인이 과학자였다.

히스테리라는 단어는 '자궁'을 뜻하는 그리스어에서 왔다. 감정적으로 격한 상태를 뜻하는 그 현상이 몸속을 돌아다니는 자궁 때문이라고 여겨졌기 때문이다. 따라서 정의상 남자들은 그 진단에서 면제되는 셈이었다. 요즘은 히스테리라는 용어가 그보다는 일관되지 못하고, 지나치게 흥분하고, 더 나아가 혼란에 빠진 상태를 뜻하는 말이 되었지만 말이다. 과거에 히스테리 진단을 받은 여성들 중에서 지그문트 프로이트의 스승 장마르땡 샤르꼬(Jean-Martin Charcot)를 통해서 자신의 괴로움을 드러냈던 환자들을 보면, 학대와 그로 인한 트라우마를 겪었으나 트라우마의 원인을 차마 말할 수 없는 처지인 경우가 많았던 것 같다.

젊은 프로이트는 유년기의 성적 학대 때문에 문제가 생

긴 것으로 보이는 환자들을 잇달아 만났다. 어떤 의미에서 그 환자들의 말은 말해질 수 없는 것이었다. 요즘도 전쟁 터나 가정에서의 극심한 드라우마는 말로 표현하기가 극도로 고통스러울 만큼 사회의 관습과 피해자의 정신을 심하게 훼손한다. 고문과 마찬가지로 성폭행은 피해자의 신체보전권, 자기결정권, 자기표현권을 공격하는 행위다. 피해자를 소멸시키고 침묵시키는 행위다. 피해자의 목소리와 권리를 지워내는 행위다. 피해자는 그런 소멸을 용케 피하고 용감히 나서야만 입을 열 수 있다.

말을 꺼내는 것, 말과 말하는 사람이 주목받고 존중받게끔 만드는 것은 여전히 트라우마를 극복하는 최선의 방법 중 하나이다. 프로이트의 환자들은 놀랍게도 자신의 괴로움을 말로 표현할 방법을 찾았으며, 프로이트도 처음에는 그들의 말을 귀담아들었다. 1896년에 그는 "따라서 나는 모든 히스테리 증례들의 바탕에는 한차례 이상의 **때이른 성경험**이 깔려 있다는 논지를 제기한다"라고 썼다. 그러나 나중에는 자신의 결론을 기각하고 만일 환자들의 말을 믿는다면 "모든 사례에 대해서 내 아버지를 포함한 모든 아버지들에게 도착적이라는 비난을 가할 수밖에 없다"라고

157

7. 악질들 사이의 카산드라

썼다.

페미니스트 정신과 의사 주디스 허먼(Judith Herman)은
『트라우마』(*Trauma and Recovery*)에서 "프로이트가 남긴
서신들을 보면, 자신의 가설에 담긴 급진적인 사회적 의미
에 대해 그가 점점 더 곤란해했음을 알 수 있다. … 이런 딜
레마에 마주하여 프로이트는 여성 환자들의 말을 듣기를
그만두었다"라고 썼다. 만일 환자들이 진실을 말하는 것
이라면, 그는 그녀들을 지지하기 위해서 일체의 가부장적
권위에 도전해야만 할 것이었다. 허먼은 이렇게 덧붙였다.
"프로이트는 이후 집요한 고집으로 말미암아 갈수록 더 난
감한 이론의 수렁에 빠져들며, 여자들이 불평하는 성적 학
대의 경험은 그녀들이 스스로 상상하고 갈망한 게 분명하
다고 우겼다." 그리하여 모든 일탈한 권위들에, 여성에게
범죄를 저지른 모든 남성에게 간편한 알리바이가 주어진
셈이었다. 그녀가 그 일을 원했다. 그녀가 그 일을 지어냈
다. 그녀는 자기가 무슨 말을 하는지도 모른다.

단떼의 지옥처럼, 침묵은 여러개의 동심원으로 구성되
어 있다. 그 첫번째는 말하기를 어렵게 만들거나 심지어
불가능하게 만드는 내면의 억제, 자기의심, 억압, 혼란, 수

치심, 말하면 행여 처벌이나 추방을 당할지도 모른다는 두려움이다. 현재 다트머스 대학의 철학과 학과장인 수전 브라이슨(Susan Brison)은 1990년에 낯선 남자에게 강간을 당했다. 그는 그녀를 창녀라고 불렀고, 그녀에게 입을 다물라고 하면서 거듭 목을 졸랐고, 돌로 머리를 쳤고, 그녀가 죽도록 내버려두고 달아났다. 이후 그녀는 그 경험에 대해서 말하려고 할 때마다 이런저런 문제를 겪었다. "강간에 대해서 말하고 쓰기로 결정하는 것도 어려웠지만 그럴 목소리를 찾는 것도 어려운 문제였다. 나는 골절된 기도가 다 나은 뒤에도 걸핏하면 말하는 데 애를 먹었다. 목소리가 아예 안 나오는 적은 없었지만, 친구의 표현에 따르면 종종 '골절된 발화'가 발병했다. 나는 말을 더듬었고, 단순한 문장조차 제대로 엮지 못해 단어들이 끊어진 목걸이처럼 산산이 흩어졌다."

그 원을 둘러싼 다음 원은 기어이 말하고 나선 사람을 침묵시키려는 세력들이다. 창피를 주든, 괴롭히든, 죽음을 낳는 폭력까지 포함하여 노골적으로 폭력을 휘두르든 해서 말이다. 요즘 이 영역에서 눈에 띄게 많아진 사례는 고등학교와 대학교의 강간 피해자들이다. 많은 경우에 이들

젊은 여성 피해자들은 입을 열었다는 이유로 괴롭힘과 협박을 당하고, 일부는 그 때문에 자살까지 시도한다. 잠재적 범죄는 조사되지 않고 고발되지 않는다. 오늘날 많은 미국 대학들은 처벌을 모면한 강간범을 숱하게 배출하고 있는 듯하다.

마지막으로 제일 바깥을 둘러싼 원에는, 설령 이야기가 말해지고 화자가 직접적으로 침묵을 강요당하지 않은 경우라도, 이야기와 화자의 신빙성을 깎아내리는 세력이 있다. 이 영역의 적개심을 감안하자면, 프로이트가 환자들의 말을 열린 마음으로 들었던 짧은 시기를 가짜 새벽이라고 불러도 좋을 것이다. 여성이 성범죄에 대해서 입을 연 순간이야말로 그녀의 말할 권리와 말할 능력이 가장 심하게 공격당하는 시점이기 때문이다. 그런 공격은 거의 반사적인 것처럼 보인다. 게다가 그런 공격에는 분명히 뚜렷한 패턴이 있으며, 그 패턴에는 역사가 있다.

여성들이 그 패턴에 처음 전면적으로 도전한 것은 1980년대였다. 지금까지 우리는 1960년대에 대해서는 엄청나게 많은 이야기를 들었지만, 그에 비해 1980년대의 혁명적 변화들─세계 곳곳의 실각한 체제들에서, 침실과 교실과 일터와 거리에서, 나아가 정치적 조직활동에서 벌어진 변화들(페미니즘의 영향으로 합의가 중요하게 여겨지게 되었으며 그밖에도 여러 반위계적, 반권위적 기법들이 쓰이게 되었다)—은 대체로 무시되고 망각되었다. 사실 1980년대는 폭발적인 시기였다. 그러나 1980년대 페미니즘은 섹스가 권력투쟁의 장이고 권력은 곧잘 학대를 낳는다는 점을 지적했다는 이유로, 또한 그런 학대의 속성을 일부 묘파했다는 이유로 종종 섹스에 반대하는 음울한 시각으로 치부되곤 한다.

페미니스트들은 법률 제정을 밀어붙였을 뿐 아니라 1970년대 중반부터는 이전까지 제대로 인식되지 않았던 온갖 종류의 폭력들을 규정하고 호명하는 일에도 나섰다. 그럼으로써 그들은 권력 남용이 심각한 문제라는 사실을 선언했고, 남자들의 권위를, 상사와 남편과 아버지의 권위를—나아가 어른 일반의 권위를—의문시해야 한다고 선언했다. 페미니스트들은 강간과 가정폭력은 물론이거니와 근친상간과 아동학대에 관한 이야기가 발언될 수 있는 환경과 지원망을 구축했다. 그런 이야기들은 우리 시대에 벌어진 내러티브 폭발 현상의 일부가 되었다. 이전에는 침묵하던 많은 사람들이 자신의 경험을 이야기하기 시작했기 때문이다.

그럼에도 그 시대가 엉망이었던 이유 중 하나는 아이들을 치료하는 과정에서 아이의 말을 어떻게 들어야 하는지, 아이에게 어떻게 질문을 던져야 하는지, 특수한 경우에는 아이나 성인 환자의 기억을 어떻게 걸러내야 하는지 제대로 아는 사람이 없었다는 점이다. 미국 역사상 가장 길고 비싼 재판 중 하나였던 악명 높은 맥마틴(McMartin) 유치원 학대사건은 1983년에 로스앤젤레스 지역의 어느 어머니가 그 유치원에서 자기 아이가 성추행당했다고 주장하면서 시작되었다. 당국은 당장 그 문제에 달려들어, 부모들로 하여금 아이들에게 유도신문을 하도록 요청했다. 그리고 치료사를 고용하여 수백명의 아이들을 면담했는데, 치료사는 더 많은 유도신문, 보상, 꼭두각시 인형, 기타 등등의 도구와 기법을 동원해 아이들로 하여금 악마숭배적 학대에 관한 황당한 이야기를 마구 지어내도록 부추겼다(망상장애를 앓던 어느 어머니가 아들이 맥마틴 유치원에서 성추행당했다고 주장하면서 시작된 사건은 검찰과 언론이 무턱대고 그 말을 믿고서 왜곡된 수사를 진행한 끝에 300여명의 아이가 유치원에서 성추행, 악마숭배 의식, 똥이나 피를 먹는 의식을 겪었다는 결론을 내려 형사재판으로 이어졌으나, 7년의 재판 끝에 결국 모든 피의자에게 무죄가 선고되었다. 그때 아이들을 면담했던 상담사는 발가벗은 인체 인형을 놓고서 아이들에게 선생님이 만진 곳을 짚어보라고 요구하는 등 아이들의 상상을 자극하는 질문으로 증언을 끌어냈다).

혼란의 도가니였던 맥마틴 재판의 심문을 가리켜 어떤 사람들은 아이들이란 본디 신뢰성이 떨어지고 망상에 가득한 거짓말쟁이임을 보여주는 증거라고 언급하지만, 사실 이 사건에서 진짜 문제는 어른들이었다는 점을 기억해야 한다. 법학 교수 더그 린더(Doug Linder)의 글에 따르면, 이 사건의 검사는 한 인터뷰에서 "아이들이 성적 학대 이야기를 '윤색하고 또 윤색하기' 시작했다는 것을 깨달았지만 검사인 '자신들은 법정에는 볼 일이 없었다'고 말했다." 검사는 또한 무혐의를 증명할지도 모르는 증거가 은폐되었을 가능성도 있다고 덧붙였다. 그런 난관에도 불구하고, 기나긴 재판과 후속 재판의 피의자들은 결국 무죄를 선고받았다. 사람들은 이 결론은 잘 기억하지 못하지만 말이다.

1991년 10월 11일, 한 법학 교수가 상원 사법위원회에서 증언하게 되었다. 조지 H. W. 부시가 대법관으로 지명한 클래런스 토머스(Clarence Thomas)에 대한 인준 청문회 자리였다. 증언자는 애니타 힐(Anita Hill)이었다. 그녀는 사적인 면담에서 대답한 내용이 언론에 새어나가는 바람에 결국 상원 청문회에까지 선 것이었는데, 그 자리에서 상사였던 토머스가 자신이 본 포르노와 성적 환상에 관한 이야기를 그녀에게 억지로 들려준 일화를 줄줄이 이야기했다. 그는 그녀에게 데이트하자고 압박하기도 했다. 그녀가 거절하자 "그는 내 설명을 유효한 것으로 받아들이지 않았다." 싫다는 말은 유효한 말이 아닌 것처럼.

사람들은 힐에게 왜 사건 당시에 곧바로 그의 행동을 지적하지 않았느냐고 비판했지만, 페미니스트들이 **성희롱** 개념을 서술하고 용어를 고안한 것이 불과 그 얼마 전이었다는 사실을 기억해야 한다. 대법원이 직장에서의 그런 행동을 위법행위로 인정한 것은 힐이 묘사한 사건들이 벌어진 뒤인 1986년이었다. 더구나 1991년에 그녀가 이윽고 입을 열자, 극렬한 공격이 쏟아졌다. 그녀를 신문한 사람들은 전부 남자였다. 특히 공화당 의원들은 조롱하고 못 미더워하고 비웃는 발언을 던졌다. 알린 스펙터(Arlen Spector)

상원의원은 힐을 두어차례 스치듯 만난 것만으로 그녀가 토머스에게 성적 환상을 품고 있었다고 증언한 어느 증인에게 "힐 교수가 그의 짓이라고 주장한 일들이 사실 그녀의 상상이나 환상이었을 가능성이 있다고 보십니까?"라고 물었다. 예의 프로이트적 설정이 등장한 셈이었다. 여자가 무언가 혐오스러운 일이 벌어졌다고 말할 때는 그녀가 내심 그 일을 바라는 것이라는 해석, 그녀가 현실과 상상을 구별하지 못하는 것일지도 모른다는 해석.

  미국은 내전이나 다름없는 분란에 휘말렸다. 많은 여자들은 일상적인 성추행이 무엇인지를 정확히 이해했고 그런 성추행을 고발하면 이런저런 불쾌한 결과를 겪기 마련이라는 사실도 이해했지만, 많은 남자들은 이해하지 못했다. 단기적으로는 힐이 굴욕적인 시련을 견뎌야 했고, 토머스는 논란에도 불구하고 임명되었다. 힐을 가장 시끄럽게 비난한 사람은 보수 저널리스트 데이비드 브록(David Brock)이었다. 그는 처음에는 기사로, 나중에는 아예 책으로 힐을 중상했다. 그러나 10년 뒤에는 그녀를 공격했던 것과 우파를 지지했던 것을 둘 다 뉘우치면서 이렇게 썼다. "힐의 신뢰성을 훼손하기 위해서라면 뭐든지 하겠다는 태도로, 나는 무차별 공격을 선택했다. 토머스 진영으로부터 힐을 모함하는―종종 서로 모순되는―온갖 주장을 얻어다가 그것들을 몽땅 섞었다. … 내 말에 따르면, 그녀는 '약간 미쳤고 약간 헤픈' 여자였다."

장기적으로 '당신을 믿어요, 애니타'는 페미니스트들의 슬로건이 되었다. 오늘날 힐은 직장 내 성희롱을 인식시키고 해결하는 문제에서 혁명을 개시한 장본인으로 여겨진다. 청문회로부터 한달 뒤, 의회는 1991년 민권법을 통과시켰다. 법안에는 성희롱 피해자가 고용주에게 피해보상과 체불임금 지급 소송을 제기할 수 있다는 내용도 포함되었다. 직장 내 학대 문제를 제기할 수 있는 길이 열리자 성추행 고발이 급등했다. 1992년 선거는 '여성의 해'라는 별칭으로 불렸고, 여태까지 역사상 유일하게 아프리카계 여성 상원의원의 자리를 차지하고 있는 캐럴 모즐리 브론(Carol Mosley Braun)을 비롯해 이전보다 많은 수의 여성들이 상하원 의원으로 당선되었다.

그래도, 지금까지도, 여자가 남자의 비행에 관해서 뭔가 불편한 말을 할라치면, 사람들은 으레 그녀를 망상에 빠진 인간, 사악한 음모론자, 병적인 거짓말쟁이, 그저 재미일 뿐임을 이해하지 못하고 징징대는 인간, 혹은 그 모두에 해당하는 인간으로 묘사한다. 지나치게 사나운 이런 반응들은 프로이트가 말했던 망가진 주전자 농담을 상기시킨다. 어떤 남자의 이웃이 남자에게 빌려간 주전자를 망가뜨려서 돌려주면 어떡하느냐고 책망하자, 남자는 처음에는 망가뜨리지 않았다고 대답했다가, 다음에는 빌릴 때 이미 망가진 상태였다고 대답했다가, 나중에는 아예 자신은 빌린 적조차 없다고 대답했다. 여자가 남자를 고발하고 그 남자와 남자의 옹호자들이 저런 식으로 항변할 때, 여자는 망가진 주전자가 된다.

올해도 그런 일이 있었다. 딜런 패로(Dylan Farrow)가 그녀의 양아버지 영화감독 우디 앨런(Woody Allen)이 과거에 그녀를 성추행했다는 주장을 다시 제기하자마자, 그녀는 당장 제일 심하게 망가진 주전자가 되었다. 수많은 공격자가 등장했다. 앨런은 그녀가 추행당했다고 주장하는 다락방을 자신은 싫어했기 때문에 자신이 그곳에서 아이를 추행했을 리는 만무하다고 단언하며, 그녀는 아마도 어머니인 미아(Mia)의 코치를 받아 '세뇌되었을' 것이고 그녀가 발표한 비난문도 미아가 대신 썼을 가능성이 있으며 미아는 '틀림없이' 다락방에 관한 유명한 노래에서 그런 아이디어를 얻었을 것이라고 장광설을 발표했다. 이 사건에 대한 반응에서도 젠더격차가 드러났다. 많은 여성들은 젊은 여자의 말이 믿을 만하다고 생각했다. 그런 이야기라면 전에도 워낙 많이 들었으니까. 반면에 많은 남성들은 무고의 가능성에 집중하면서 무고사건의 빈도를 과장해서 생각하는 듯했다. 어떤 사람들은 심지어 맥마틴 유치원 재판의 유령까지 불러냈지만, 막상 그들이야말로 그 재판의 내용과 결과에 대해서 잘못된 기억을 갖고 있는 듯했다.

허먼은 강간, 아동 성추행, 전쟁 트라우마를 두루 다룬 『트라우마』에서 이렇게 지적했다.

비밀과 침묵은 범인의 첫번째 방어선이다. 비밀을 지키는 데 실패하면, 범인은 피해자의 신뢰성을 공격한다. 그녀를 철저히 침묵시키는 데 실패하면, 아무도 그녀의 말을 듣지 않게끔 만들려고 애쓴다. … 모든 잔혹행위에는 우리가 뻔히 예상할 수 있는 똑같은 사과가 따르기 마련이다. 그런 일은 벌어지지 않았다느니, 피해자가 거짓말하는 것이라느니, 피해자가 과장하는 것이라느니,

피해자가 자초한 일이라느니, 심지어 이제 그만 과거를 잊고 미래로 나아가자는 말도 나온다. 범인이 유력한 인물일수록 현실을 호명하고 정의하는 능력이 크기 마련이라, 그의 주장이 더 철저히 득세한다.

우리 시대에는 그들이 늘 이기기만 하는 것은 아니다. 우리는 여전히 말할 권리와 신뢰받을 권리를 누구에게 줄 것인가를 두고 씨름하는 시대에 살고 있는데, 더구나 요즘은 양쪽에서 압박이 온다. 남성권리운동과 대중적으로 퍼진 숱한 오보들 때문에, 사람들은 요즘 성폭행 무고가 만연했다고 여기곤 한다.* 집단으로서 여성은 신뢰할 만하지 못하고 오히려 거짓된 강간 고발이 진짜 문제라는 암

---

* 강간 무고는 엄연한 현실이지만, 비교적 드물다. 무고로 선고된 사건들의 사연은 아주 끔찍하지만 말이다. 영국 검찰청이 2013년에 발표한 조사 결과에 따르면, 조사 기간 중 강간으로 기소된 사건은 총 5,651건이었고 그중 무고사건은 35건이었다. 미국 사법부는 2000년 보고서에서 다음과 같이 추산했다. 미국에서는 연간 총 322,230건의 강간이 벌어지는데, 그중 55,424건이 경찰에 신고되고, 26,271건의 범인이 체포되며, 7,007건에 유죄가 선고된다. 달리 말해, 징역형이 선고되는 사건의 비율은 총 발생 건수의 2%를 약간 넘고, 신고된 사건 중에서는 12%에 해당한다. 그중에서 무고에 해당하는 사건이 어마어마하게 많진 않을 것이다.

시는 개별 여성을 침묵시키고, 성폭행에 관한 토론을 회피하게 만들고, 남성을 주된 피해자로 부각하는 도구로 쓰인다. 이런 설정을 보면, 나는 유권자 부정행위에 관한 설정이 연상된다. 미국에서 유권자 부정행위는 워낙 드문 범죄이기 때문에, 아주 오랫동안 선거 결과에는 아무런 심각한 영향을 미치지 못한 듯하다. 그럼에도 근래 보수주의자들은 그런 부정행위가 널리 퍼졌다고 주장함으로써 자신들에게 표를 던지지 않을 것 같은 사람들─가난한 사람, 백인이 아닌 사람, 학생─의 투표권을 박탈했다.

여자들과 아이들은 거짓말을 하지 않는다는 말이 아니다. 거짓말은 남자도 여자도 아이도 한다. 그러나 그중에서도 여자와 아이가 유독 거짓말을 많이 하는 습성인 것은 아니고, 남자라고 해서─중고차 판매원, 뮌히하우젠 남작(『허풍선이 남작의 모험』의 모델이 되었다는 18세기 독일 귀족), 리처드 닉슨이 포함된 범주가 아닌가─유독 진실한 것은 아니다. 내 주장은 여성이 거짓말을 잘하고 음험하다고 보는 낡은 설정이 여태 일상적으로 제기된다는 것이며, 우리가 그 현상을 있는 그대로 인식해야 한다는 것이다.

어느 큰 대학에서 성추행 예방 프로그램을 맡고 있는 친구에게 들었는데, 그녀가 경영대학원에서 프레젠테이션을 할 때 나이 지긋한 남자 교수가 이렇게 물었다고 한다. "우리가 왜 한 여성의 말만 믿고서 조사에 나서야 합니까?" 친구는 이런 일화를 수십가지 알고 있고, 여성──학생, 직원, 교수, 연구자──이 남들에게 자기 말을 믿게끔 하려고 안간힘을 써야 했던 일화도 많이 알고 있다. 여성이 고위직 남성의 범죄를 증언했을 때는 특히나.

올여름, 시대에 뒤떨어져도 한참 뒤떨어진 칼럼니스트 조지 윌(George Will)은 "캠퍼스의 강간 유행이란 상상일 뿐"이라며 대학들이나 페미니스트들이나 자유주의자들이 "피해자에게 특권을 부여해 탐낼 만한 위치로 만든다면 피해자가 급증할 수밖에 없다"라고 말했다. 젊은 여자들은 #생존자특권(survivorprivilege)이라는 트위터 해시태그를 만들어서 "외상후 스트레스 장애(PTSD), 극심한 불안 & 우울에 시달리는 게 특권인 줄은 미처 몰랐군요." "내가 입을 열었을 때 다들 거짓말이라고 여겼다고 해서 #내가닥쳐야하나요?" 같은 발언들을 쏟아냈다. 사실 윌의 칼럼은 여자란 선천적으로 못 믿을 존재이고 모든 강간 고발은 거들떠볼 가치가 없으며 그냥 덮고 넘어가는 게 최선이라는 오래된 생각에서 달라진 점이라고는 하나도 없는 진부한 소리였다.

나도 그런 경험의 축소판이라고 할 만한 사건을 올해 겪었다. 내가 몇년 전에 발표한 1970년대 캘리포니아에 관한 글 중에서 일부를 쏘셜미디어에 다시 올린 뒤였다. 내가 당시 겪은 사건들을(성인 남성 히피들이 막 십대에 접어든 나를 추근거린 일화들이었다) 이야기한 두 단락에 관해서 웬 낯선 사람이 ─ 부유하고 교양있는 남자였다 ─ 페이스북에서 나를 비난하고 나섰다. 놀라운 것은 그의 분노뿐 아니라 자신에게 판단할 능력이 있다고 믿는 근거 없는 자신감이었다. 그는 한 대목에서 이렇게 말했다. "당신은 FOX 채널 뉴스 기자만큼이나 빈약한 '증거'를 갖고서 현실을 넘어 과장하고 있습니다. 당신은 그것을 진실이라고 '느낀다는' 이유로 진실이라고 말합니다. 내가 보기엔 다 '헛소리'지만." 그러니까 내가 증거를 내놨어야 한다는 것이다. 수십년 전에 벌어진 사건의 증거를 내놓는 게 가능하기라도 하다는 듯이. 나는 사실을 왜곡하는 못된 인간이 되었다. 주관적인 주제에 객관적이라고 믿는 사람이 되었다. 느낌을 생각이나 지식으로 혼동하는 사람이 되었다. 이 얼마나 익숙한 장광설이고 익숙한 분노인지.

우리가 여성의 신뢰성을 깎아내리는 이런 패턴을 인식하거나 호명한다면, 여성이 무언가를 발언하고 나설 때마다 그녀의 신뢰성을 놓고서 논박하는 일을 건너뛸 수 있을 것이다. 참, 카산드라에 관해서 할 말이 하나 더 있다. 카산드라 신화의 여러 버전 중 가장 유명한 버전에서, 사람들이 그녀의 예언을 믿지 않게 된 것은 그녀가 아폴론과의 섹스를 거부함으로써 아폴론으로부터 저주를 받았기 때문이었다. 까마득한 옛날부터도 자기 몸의 권리를 주장하는 것과 신뢰성을 잃는 것이 연관된 일이라는 개념이 존재했던 것이다. 그러나 오늘날 우리 중에 존재하는 현실의 카산드라들에게는 우리가 그 저주를 걸어줄 수 있다. 누구의 말을, 왜 믿을 것인가 하는 선택을 우리가 스스로 내림으로써.

〔2014〕

MANSPLAIN 8

#여자들은다겪는다

: 페미니스트들, 이야기를 다시 쓰다

그 시합은 아이디어 월드컵의 핵심 경기였다. 양 팀은 공을 놓고 맹렬하게 다퉜다. 올스타 페미니스트 팀은 '만연한 사회문제'라고 표기된 골대에 공을 차넣으려고 연거푸 시도했고, 주류 언론과 주류 남성들이 포진한 상대 팀은 '고립된 사건'이라는 예의 많이 본 골네트에 공을 집어넣으려고 애썼다. 주류 팀의 골키퍼는 공을 자기 골네트로부터 멀찌감치 떨어뜨리기 위해서 '정신질환'이란 말을 외치고 또 외쳤다. 그 '공'은 캘리포니아 주 아일라비스타(Isla Vista)에서 한 학생이 다른 학생들을 학살한 사건의 의미를 뜻했다(2014년 5월 23일 금요일 밤, 22세의 엘리엇 로저가

177

자신의 아파트에서 캘리포니아 대학 쌘타바버라 분교에 다니는 남자 대학생 세명을 칼로 찔러 죽인 뒤 같은 학교 여학생 클럽으로 가서 총으로 여학생을 비롯한 세명을 더 쏘아 죽이고 행인들에게도 무차별 총격을 가하며 달아나다가 결국 차 안에서 총으로 자살했다).

사건이 벌어진 후 주말 내내 범인의 행동을 정의하려는 시도가 가열차게 벌어졌다. 주류 목소리들은 그가 정신질환을 앓고 있었다고 우겼다. 마치 그러면 문제가 다 해결되는 것처럼. 세상은 정상인과 미치광이라는 두 나라로 나뉘어 있고 두 나라 사이에는 국경을 건너는 사람도 공유하는 문화도 없는 것처럼. 그러나 정신질환은 범주의 문제라기보다는 정도의 문제일 때가 더 많고, 정신질환을 앓는 사람들 중에서도 아주 많은 수는 온화하고 다정한 사람들이다. 그리고 여러 척도로 볼 때 광기는 불평등, 만족을 모르는 탐욕, 생태파괴와 더불어, 또한 비열함과 마찬가지로 우리 사회의 핵심에 자리한 속성이지 주변부에만 있는 속성이 아니다.

T. M. 루어먼(Luhrmann)은 지난해(2013) 신문에 실은 멋진 기고문에서, 인도에서 정신분열증 환자들이 환청을 들을 때는 머릿속의 목소리가 집 청소를 하라고 말하곤 하

는 데 비해 미국 환자들은 폭력적인 행동을 하라는 말을 듣는 경향이 있다고 지적했다. 문화는 중요하다. 형사사건의 피고 측 조사관으로 일하기 때문에 성신이상과 폭력에 관해서라면 속속들이 잘 아는 내 친구는 이렇게 말했다. "사람이 현실과의 접촉을 잃기 시작하면, 병든 뇌는 무엇이 되었든 그것을 둘러싼 환경에 집착적으로, 망상적으로 매달리기 마련이야. 주변 문화의 질병에."

사람들은 저 아일라비스타의 살인자에게도 거듭 '일탈한' 인간이라는 딱지를 붙였다. 그가 나머지 사람들과는 다른 인간이라는 점을 강조하려는 것처럼. 그러나 그런 폭력은 우리 주변 어디에나 여러 형태로 존재한다. 가장 뚜렷하게는 여성에 대한 만연한 증오와 폭력이라는 형태로.

한 남자가 저지른 대량살인의 의미를 둘러싼 이 싸움은 결국 페미니즘의 역사에서 분수령에 해당하는 순간이 될지도 모른다. 페미니즘은 예나 지금이나 호명하고 정의하려는 싸움, 발언하고 경청되려는 싸움이다. '이야기 기반 전략 센터'(Center for Story-Based Strategy, 사회단체들에 활동전략에서 내러티브를 잘 활용하는 법을 가르치고 자문하는 전략 센터)는 이것을 '이야기의 싸움'이라고 부른다. 당신이 사용하는 언어와 내러티브를 통해서 싸움의 승패가 결정되는 경우가 많기 때문이다.

미디어비평가 제니퍼 포즈너(Jennifer Pozner)는 2010년에 또다른 여성 혐오자 남성이 저지른 학살에 대해 이렇게 썼다.

나는 거의 똑같은 기사나 블로그 글을 쓰고 또 써야 한다는 게 죽도록 진저리 난다. 그러나 나는 써야 한다. 어떤 사건이든, 이런 범죄의 핵심에는 젠더에 기반한 폭력이 놓여 있기 때문이다. 그 동기부여 요인을 빼놓고 말한다는 것은 사람들로 하여금 문제의 사건에 대해 온전하고 정확한 그림을 그리지 못하게 막는 것이다. 더 나아가 폭력을 이해하고, 경고 징후를 인식하고, 향후 비슷한 학살을 방지하기 위해서라도 반드시 필요한 분석과 맥락을 놓치는 것이다.

아일라비스타 살인자는 여자만이 아니라 남자도 죽였다. 그러나 그가 벌인 광란극의 목표는 여학생 클럽의 회원들을 처단하는 것이었던 모양이다. 그는 자신이 여자들에게 성적으로 접근하지 못하는 상황을 여자들이 자신에게 모욕을 가하는 상황으로 해석했던 듯하다. 자신에게 권리가 있다는 의식과 자기연민이 슬프게 뒤섞인 감정 상태에서, 그는 여자들에게는 자신을 만족시킬 의무가 있다고 믿었다.

#여자들은다겪는다

젊은 피해자들 중 한명의 아버지 리처드 마르티네스 (Richard Martinez)는 전국 텔레비전 방송에 나와서 총기 규제의 필요성을 토로하고 총기업체의 로비에 굴복한 줏대 없는 정치인들을 강하게 비난했다. 그리고 그런 참상을 불러온 좀더 폭넓은 원인들에 대해서도 이야기했다. 샌타바버라 카운티의 국선변호인으로서 그는 그 분야 종사자들이 다 그렇듯이 여성에 대한 폭력, 총기 사용자, 정신질환에 얽힌 문제들을 수십년 동안 다뤘다. 실제로 그 학살 사건은 총기의 문제였고, 유해한 형태의 남성성과 권리의식의 문제였다. 또한 비참함, 상투적 사고, 감정의 문제에 액션영화 차원의 해법으로 대처하는 자세의 문제였다. 그리고 무엇보다도 여성에 대한 증오의 문제였다.

이후 이어진 페미니스트들의 대화를 기록한 글에 따르면, 케이(Kaye)라는 온라인 아이디를 쓰는 젊은 여성이 학살 다음날인 토요일 어느 시점부터 #여자들은다겪는다(YesAllWomen)라는 해시태그를 붙여서 트위터에 글을 올리기 시작했다(그녀는 이후 희롱과 협박에 못 이겨 공개대화에서 모습을 감추었다). 일요일 밤에는 벌써 #여자들은다겪는다 해시태그를 붙인 트윗이 전세계에서 50만 건이나 작성되었다. 꼭 댐이 터진 것 같았다. 어쩌면 정말로 그랬는지도 모른다. 그 문구는 여자들이 직면한 지옥과 공포를 묘사한 말이었으며, 특히 여자들이 억압에 대해 이야기하기 시작하면 남자들이 상투적으로 보이는 반응, 즉 '모든 남자가 다 그렇진 않아'라는 반응을 비판하는 말이었다.

일부 남자들은 솔직히 "나는 안 그런데"라고 말하고 싶어서거나 아니면, 현실의 시체나 피해자는 물론이거니와 현실의 범인을 논하는 문제로부터 방관자 남성들의 안락함을 보호하는 문제로 대화의 초점을 돌리기 위해서 그런 반응을 보인다. 한 여성은 격분해서 내게 말했다. "남자들은 대체 뭘 바라는 거예요, 여자를 때리거나 강간하거나 위협하지 않는다고 상으로 과자라도 받고 싶은 거예요?"

여자들은 늘 강간과 살해를 두려워하면서 산다. 때로는 그런 문제를 이야기하는 것이 남자들의 안락함을 보호하는 것보다 더 중요하다. 제니 추(Jenny Chiu)라는 여성은 트위터에서 이렇게 말했다. "물론 모든 남자가 다 여성 혐오자나 강간범은 아니다. 그러나 요점은 그게 아니다. 요점은 모든 여자는 다 그런 남자를 두려워하면서 살아간다는 점이다."

여자들은 ─ 남자들도(그러나 대체로 여자들이었다)─ 통렬한 사실들을 신랄하게 표현했다.

• #여자들은다겪는다. 내가 페미니즘에 관한 트윗을 올릴 때마다 협박이나 변태 같은 댓글들이 달리니까. 말 꺼내기를 무서워해야 하는 게 정상인가.
• #여자들은다겪는다. 여자들이 겪는 일에 화내는 남자보다 이 해시태그에 화내는 남자를 더 많이 봤으니까.
• #여자들은다겪는다. 여자가 남자에게 너무 친절하면 '꼬드긴 게' 되고 너무 무례하면 폭력을 감수해야 하니까. 어느 쪽이든 여자만 나쁜년이다.

그것은 미디어의 빛나는 순간이었다. 온갖 매체를 아울러 엄청난 대화가 오갔다. 페이스북과 트위터에서도 수백만명이 참여했다. 이것은 의미있는 일이었다. 왜냐하면 원래 트위터는 거침없이 나서서 말하는 여성들에게 강간과 살해 협박을 전달하는 수단으로 선호되는 매체이기 때문이다. 애스트라 테일러(Astra Taylor)가 새 책『대중의 플랫폼』(The People's Platform)에서 지적했듯이, 표현의 자유를 옹호하는 언어가 혐오 발언을 보호하는 데 쓰이는 실정이다. 혐오 발언은 그 자체로 남들의 표현의 자유를 빼앗으려는 시도이며 남들을 겁줌으로써 입을 막으려는 시도이다.

우리 시대의 페미니즘을 대표하는 중요한 목소리 중 하나인 로리 페니는 이렇게 썼다.

살인 뉴스가 보도되었을 때, 디지털 세상이 그 의미를 흡수하고 토론하기 시작했을 때, 나는 편집자에게 이메일을 보내어 며칠 쉬게 해달라고 요청할 참이었다. 나는 유별나게 끔찍한 강간 협박들을 받은 충격으로 부들부들 떨렸고, 생각을 가다듬을 시간이 필요했다. 그러나 나는 그런 시간을 갖는 대신 이렇게 블로그에 글을 쓰고 있다. 분노와 슬픔에 잠겨서 쓰고 있다. 이 분노와 슬픔은 아일라비스타 학살 피해자들에 대해서만 느끼는 게 아니다. 새로운 여성 혐오의 언어와 이데올로기가 계속 용인되는 바람에 우리가 모든 장소에서 잃어가는 기회들에 대해서 느끼는 것이기도 하다. … 나는 피해자와 생존자에 대해서 말하려고 할 때마다 폭력을 저지른 자에게도 공감해보라는 주문을 받는 것이 이제 진저리가 난다.

우리의 언어는 우리의 무기

1963년에 베티 프리던(Betty Friedan)은 기념비적 저서 『여성의 신비』(*The Feminine Mystique*)를 출간했다. 그녀는 이렇게 썼다. "이름 없는 그 문제—즉 미국 여성들이 인간으로서의 능력을 온전히 계발하지 못하도록 저지당하고 있다는 단순한 사실—는 우리가 아는 다른 어떤 질병보다도 이 나라의 물리적, 정신적 건강에 훨씬 더 큰 해를 끼치고 있다." 이후 그 문제에는 여러 이름이 붙었다. 처음에는 남성우월주의, 나중에는 성차별, 여성 혐오, 불평등, 억압이라는 이름이. 그 문제의 치료법은 '여성해방' 혹은 '페미니즘'이었다. 지금은 이런 단어들이 닳고 닳은 것처럼 보이지만, 당시에는 신선한 단어들이었다.

프리던의 선언 이래 페미니즘은 부분적으로나마 현상을 호명하는 전략을 통해서 진전했다. 가령 '성희롱'이라는 용어는 1970년대에 처음 고안되었고, 80년대에 사법체계에서 쓰이기 시작했고, 1986년에 대법원으로부터 법적 지위를 인정받았으며, 1991년에 대법관으로 지명된 클래런스 토머스에 대한 상원 청문회에서 한때 그의 직원이던 애니타 힐이 그의 성희롱을 증언함으로써 온 나라가 발칵 뒤집힌 사건을 계기로 대대적으로 보도되었다. 당시 남자로만 구성된 질문자들은 힐을 가르치려 들면서 괴롭혔고, 상원뿐 아니라 온 세상의 많은 남자들은 상사가 음란한 말을 던지고 성적 써비스를 요구하는 것이 왜 문제가 되는지 이해하지 못했다. 혹은 그런 일이 벌어진다는 사실 자체를 부인했다.

많은 여자들은 격분했다. 그것은 아일라비스타 사건 직후의 주말과 마찬가지로 분수령에 해당하는 순간이었다. 그 순간 대화가 바뀌었고, 이해한 사람들은 이해하지 못한 사람들을 강하게 압박하면서 일부 사람들의 마음을 열고 일부 개념들을 업데이트하는 데 성공했다. 한동안 '당신을 믿어요, 애니타'라는 범퍼 스티커가 유행했다. 요즘은 예전에 비해 직장과 학교에서 성희롱이 상당히 드물어지고 피해자가 의지할 곳이 훨씬 많아졌는데, 거기에는 힐의 용감한 증언과 뒤이은 지진이 한몫했다.

여성이 존재할 권리를 판정하는 데 쓰이는 많은 단어들은 최근에서야 만들어졌다. 가령 '가정폭력'이라는 단어가 '아내 구타'를 대체한 것은 법이 그 주제에 (가벼운) 관심을 갖기 시작한 뒤부터였다. 요즘도 미국에서는 9초마다 한명씩 매 맞는 여성이 발생하지만, 1970년대와 80년대의 영웅적인 페미니즘 운동 덕분에 이제는 피해자가 법적 개선책을 활용할 수 있다. 그런 해결책은 가끔이나마 효과가 있고, 가끔이나마 여성을 보호하는 데 성공하며, 그보다 더 드물게나마 학대자를 감옥에 보낸다. 1990년에 『미국 의학협회 저널』은 이렇게 보고했다. "공중위생국의 조사에 따르면, 가정폭력은 15세에서 44세 사이의 여성들에게 가장 흔한 부상원인이다. 교통사고, 강도, 암으로 인한 사망을 합한 것보다 더 많다."

나는 이 사실을 확인하다가 우연히 '인디애나 가정폭력

대항협회' 웹사이트로 흘러들어갔는데, 그 웹사이트는 사용자들에게 누군가 그들의 웹사이트 방문 기록을 감시하고 있을지도 모른다고 경고하면서 가정폭력 상담 전화번호를 알려주고 있다. 여성이 정보를 찾거나 자신의 상황을 호명하려고 한다는 이유로 학대자가 그녀를 처벌할지도 모른다고 알려주는 것이었다. 현실은 그렇다.

내가 최근에 읽은 글 중에서 가장 충격적이었던 것은 1964년에 뉴욕 퀸스의 주택가에서 살해된 그 유명한 캐서린 '키티' 제노비스(Catherine Kitty Genovese) 사건을 이야기한 『네이션』 기사였다(제노비스는 1964년 3월 13일 새벽에 귀가하던 중 낯선 남자의 공격을 받아 칼에 찔렸는데, 그 모습을 근처 주민 십여명이 목격했음에도 제때 구조가 이뤄지지 않아 결국 사망했다. 이 사건은 많은 사람이 사건을 목격할 때는 다들 남이 문제를 처리하리라는 생각에 책임감이 흐려져 결국 아무도 나서지 않게 되는 '방관자 효과'를 널리 알린 계기였다. 이후 목격자들 중 제대로 사건을 목격한 사람은 없었다는 사실이 밝혀져 이웃들이 제노비스를 방치했다는 비난은 지나친 것으로 여겨지나, 여전히 제노비스 사건은 '방관자 효과'를 이야기할 때 자주 거론되는 사례다). 기사를 쓴 피터 베이커(Peter Baker)가 우리에게 환기해준바, 제노비스가 강간당하고 살해되는 광경을 자기 집 창문으로 목격한 이웃들 중 일부는 낯선 남자가 저지른 야만적인 폭행을 남편이 '자기' 여자에게 권리를 행사하는 장면으로 오해했을지도 모른다. "당시에는 남자가 아내나 연인에게 가하는 폭력은 대체로 사적인 일로 치부되었던 것, 그것이 분명 중요한 문제였다. 1964년의 법률적 시각에서 남자가 아내를 강간하는 일은 있을 수 없었다는 것이 분명 중요한 문제였다."

'아는 사람에 의한 강간' '데이트 강간' '부부 강간' 같은 용어들은 만들어지지도 않은 시점이었다.

21세기의 단어들

언어는 힘이다. '고문'을 '선진적 심문'으로 바꾸거나 살해된 아이들을 '부수적 피해'로 바꾸는 것은 의미를 전달하는 언어의 힘을, 우리로 하여금 보고 느끼고 마음을 쓰도록 만드는 언어의 힘을 망가뜨리는 일이다. 그런데 이것은 양면의 날이다. 우리는 단어의 힘을 이용해 의미를 묻어버릴 수 있지만, 의미를 드러낼 수도 있다. 만일 우리에게 어떤 현상이나 감정이나 상황을 가리키는 단어가 없다면, 우리는 그것에 대해서 말하지 못한다. 그것은 그 문제를 다룰 수 없다는 뜻이며, 하물며 변화시키기란 더더욱 불가능하다. '캐치-22' '멍키렌치를 던지다' '싸이버불리' '99%와 1%'처럼 일상에 편입된 문구들은 현상을 묘사하도록 돕는 것을 넘어서 세상을 개조하도록 돕는다(조지프 헬러의 소설 『캐치-22』에서 유래한 '캐치-22'는 상충하는 원칙 때문에 딜레마에서 벗어날 수 없는 진퇴양난의 상황을 가리키고, 에드워드 애비의 소설 『멍키렌치 갱』에서 유래한 '멍키렌치를 던지다'는 원래 환경 파괴적 기계에 멍키렌치를 끼워 작동을 망가뜨림으로써 항의하는 활동을 가리키지만 오늘날은 일반적인 싸보따주를 뜻하며, '싸이버불리'는 집단괴롭힘을 뜻하는 '불리'에 '싸이버'를 붙여 온라인상의 의도적인 괴롭힘을 뜻하는 표현이고, '99%와 1%'는 2011년 '월스트리트를 점령하라' 시위 때 쓰인 '우리는 99%다'라는 구호에서 비롯한 것으로서 경제학자 조지프 스티글리츠가 현재의 경제 불평등은 가장 부유한 '1%의, 1%에 의한, 1%를 위한' 것이라고 비판한 데서 유래했다). 특히 페미니즘에서는 더 그럴 것이다. 무릇 페미니즘은 목소리 없는 사람들에게 목소리를 주고 힘없는 사람들에게 힘을 주는 데 집중하는 운동이니까.

우리 시대의 새로운 용어들 중에서 설득력 있는 것을 꼽자면 '강간문화'가 있다. 이 용어는 2012년 말에 인도 뉴델리와 오하이오 주 스튜번빌의 성폭행사건이 주요 뉴스로 부각된 것을 계기로 널리 유통되었다. 상당히 강경하게 표현한 한 정의에 따르자면 이렇다.

강간문화란 강간이 만연한 환경, 미디어와 대중문화가 여성에 대한 성폭력을 규범화하고 용인하는 환경을 말한다. 강간문화는 여성 혐오 언어의 사용, 여성의 몸을 대상화하는 시선, 성폭력을 미화하는 태도를 통해서 지속되며, 그럼으로써 여성의 권리와 안전을 경시하는 사회를 낳는다. 강간문화는 모든 여성에게 영향을 미친다. 대부분의 성인 여성과 여자아이는 강간을 염려하여 자신의 행동을 제약한다. 대부분의 성인 여성과 여자아이는 강간을 두려워하면서 살아간다. 남자들은 일반적으로 그렇지 않다. 따라서 강간은 여성 인구 전체가 남성 인구 전체에게 종속된 위치에 머물도록 만드는 강력한 수단으로 기능한다. 대부분의 남자들은 강간을 저지르지 않고 대부분의 여자들은 강간 피해자가 되지 않는데도 말이다.

가끔은 '강간문화'가 '래드(lad) 문화', 즉 일부 젊은 남성들이 몸담은 하위문화로서 여성을 조롱하고 희롱하는 특징이 강한 문화를 묘사하는 표현처럼 쓰이는 경우도 들었다(1990년대에 영국에서 명명된 '래드 문화'는 페미니즘에 의해 남성의 권리가 훼손되고 있다고 여긴 젊은이들이 새롭게 남성성을 강조하며 방종과 성차별을 추구하는 태도를 말한다). 또 어떤 때는 '강간문화'가 오락에서, 일상의 불평등에서, 법적 허점에서 수시로 여성 혐오를 발산하는 주류문화를 고발하는 표현으로도 쓰인다. 이 용어 덕분에 우리는 강간을 이례적인 사건으로 치부하는 가식, 강간을 전체 문화와는 무관하며 심지어 전체 문화의 가치에 거스르는 행위로 치부하는 가식을 버릴 수 있다. 강간이 정말 그런 것이라면, 전체 미국 여성의 5분의 1이(또한 남성 71명 중 한명이) 강간 생존자가 되는 일은 없을 것이다. 강간이 정말 그런 것이라면, 여대생의 19%가 성폭행에 대처해야 하는 일은 없을 것이다. 강간이 정말 그런 것이라면, 군대가 유행병처럼 만연한 성폭력에 대처하느라 비틀거리는 일은 없을 것이다. '강간문화'라는 용어는 우리로 하여금 문제의 근원을 문화 전체에서 찾도록 도와준다.

'성적 권리의식'이라는 표현은 2012년에 보스턴 대학 하키팀의 성폭행과 관련해서 널리 쓰였는데, 그보다 더 앞서 쓰인 경우도 찾아볼 수 있다(성적 권리의식sexual entitlement에서 'entitlement'는 '자격 부여'라는 뜻인데, 여기서는 자신이 자신에게 자격 혹은 권리를 부여하여 특권의식을 느낀다는 뜻이므로 '권리의식'이라고 옮겼다). 내가 이 용어를 처음 들은 것은 아시아의 강간 실태에 관한 조사 결과를 보도한 BBC 뉴스에서였다. 조사에 따르면, 많은 경우 강간의 동기는 남자가 여자의 욕망과는 무관하게 자신이 그녀와 섹스할 권리가 있다고 믿는 마음이었다. 한마디로 남자의 권리가 여자의 권리에 앞선다는 생각, 혹은 여자에게는 권리가 없다는 생각이다. 이렇듯 여자가 남자에게 섹스를 빚지고 있다는 생각은 어디에나 퍼져 있다. 내가 어렸을 때처럼 요즘도 여자들은 우리의 어떤 행동이, 어떤 말이, 옷차림이, 우리의 모습 자체가, 우리가 여성이라는 사실 자체가 남자에게 욕망을 불러일으켰으므로 응당 그 욕구를 만족시켜주어야 한다는 말을 듣는다. 우리가 그들에게 빚을 졌다는 것이다. 그들에게 우리에 대한 권리가 있다는 것이다.

남자들이 자신의 감정적, 성적 욕구를 충족시키지 못하

는 상황에 분노로 반응하는 것은 너무나 흔한 현상이다. 다른 여자들이 자신에게 했거나 하지 않은 일을 갚아주기 위해서 엉뚱한 여자를 강간하거나 처벌해도 된다는 생각도 마찬가지다. 올봄에는 십대 여자아이가 고등학교 졸업 파티에 함께 가자는 남자아이의 초대를 거절했다는 이유로 칼에 찔려 죽은 사건이 있었다. 2014년 5월 14일에는 두 아이의 엄마인 45세 여성이 만나던 남자로부터 '거리를 두려고 한다'는 이유로 살해되었다. 아일라비스타 총격사건이 벌어진 바로 그날, 캘리포니아의 한 남자는 섹스를 거절한 여자들에게 총을 쏘아댔다. '성적 권리의식'이라는 용어는 아일라비스타 살해사건 직후에 사방에서 갑자기 나타났고, 사람들은 블로그와 논평과 대화에서 날카롭고 매서운 표현으로 그 현상을 논하기 시작했다. 2014년 5월은 그 용어가 일상 언어에 진입한 시점이 아닐까 싶다. 그 용어는 사람들로 하여금 이 현상의 표출을 인식하고 지탄하게끔 도울 것이다. 상황을 바꾸는 것을 도울 것이다. 언어는 중요하다.

작거나 큰 범죄들

2014년 5월 23일에 동료 학생 여섯명을 살해하고 더 많은 이들을 죽이려다가 스스로 목숨을 끊은 22세 청년은 자신의 불행을 자신이 아닌 남들의 탓으로 보았으며, 그의 마음속에서 감히 자신을 퇴짜 놓은 상대로 규정된 젊은 여자들을 벌주겠다고 다짐했다. 그는 사실 이전부터 그렇게 했다. 그것도 여러번. 그는 최후의 격발을 예시하는 사소한 폭력행위를 숱하게 저질렀다. 장황하고 슬프게 자전적인 얘기를 떠들어낸 글에서, 그는 대학에 입학한 첫주에 벌어졌던 일을 이렇게 회상했다.

끝내주는 금발 여자애 둘이 정류장에서 버스를 기다리고 있었다. 내가 가진 제일 멋진 셔츠 중 하나를 입고 있던 나는 그애들에게 미소를 보냈다. 그애들은 나를 보았지만, 미소로 답하는 시늉조차 하지 않았다. 나를 바보로 여기는 듯, 딴 데로 눈길을 돌릴 뿐이었다. 화가 치민 나는 유턴을 해서 버스 정류장 앞에 차를 세운 뒤 그애들에게 스타벅스 라떼를 확 뿌렸다. 그애들의 청바지가 얼룩진 것을 보니 고소한 만족감이 느껴졌다. 계집애

들이 감히 나를 그딴 식으로 무시하다니! 감히 나를 그
딴 식으로 모욕하다니! 나는 속으로 몇번이나 분노했다.
그애들은 내가 가한 벌을 받아 마땅했다. 라떼가 그애들
을 태울 만큼 뜨겁지 않았던 게 안타까울 따름이었다.
그 계집애들은 내가 마땅히 받아야 할 관심과 흠모를 주
지 않은 죄로 끓는 물에 처박혀야 옳았다!

가정폭력, 맨스플레인, 강간문화, 성적 권리의식 등은 많
은 여성들이 매일 접하는 세상을 재정의하고 그런 세상을
바꿔나갈 방법을 열어주는 언어도구들이다.

19세기의 지질학자 겸 미국지질조사국 국장이던 클래
런스 킹(Clarence King)과 20세기 생물학자들은 느리고 조
용하여 상대적으로 정체된 시기가 이어지다가 간간이 격
동적인 변화의 시기가 끼어드는 패턴을 묘사하기 위해서
'단속적 평형'이라는 용어를 썼다. 페미니즘의 역사는 단
속적 평형의 과정이다. 우리가 살아가는 세상의 속성에 관
한 대화들은 뜻밖의 사건이 가하는 압력을 받아서 어느 순
간 확 전진하곤 한다. 바로 그때, 우리는 이야기를 바꾼다.

우리는 엄청난 기회이자 위기의 순간을 살고 있다. 한명

의 비참한 젊은 남성 살인자만이 아니라 우리가 살아가는 사회 전체가 문제시되고 있기 때문이다. 그 금요일의 아일 라비스타에서, 우리의 평형은 깨어졌다. 지각판 사이의 긴 장이 분출해 지진이 난 것처럼, 젠더의 영역들이 약간 이 동했다. 학살 때문에 이동한 것이 아니었다. 수백만명의 사람들이 방대한 대화의 네트워크에 모여서 경험을 나누 고, 의미와 정의를 재고하고, 새로운 이해에 도달했기 때 문이다. 캘리포니아 곳곳의 여러 추모제에서 사람들이 촛 불을 치켜들었다면, 이 대화에서는 사람들이 생각과 단어 와 이야기를 치켜들었다. 그것들 또한 어둠을 밝혔다. 어 쩌면 이 변화는 앞으로 더 자랄 것이고, 더 지속될 것이고, 더 중요해질 것이고, 그리하여 피해자들에 대한 영원한 기 념비가 될 것이다.

6년 전에 내가 '남자들은 자꾸 나를 가르치려 든다'라는 제목의 글을 쓰려고 앉았을 때, 나 스스로 놀란 점이 있었 다. 웬 남자가 나를 가르치려 든 우스꽝스러운 사례로 글 을 시작했건만 결국에는 강간과 살인에 관한 이야기로 글 을 맺게 된 점이다. 우리는 폭력과 권력 남용이 성희롱, 협 박, 위협, 구타, 강간, 살인 같은 범주들로 서로 깔끔하게 분류되는 것처럼 다루는 경향이 있다. 그러나 이제 나는 그때 내가 무슨 말을 했던 것인지 이해하겠다. 나는 그것이 자칫 미끄러지기 쉬운 비탈이라는 사실을 이야기한 것이었다. 우리가 여성 혐오의 다양한 양태들을 구획하여 각각 별도로 다루기보다 그 비탈 전체를 이야기해야 하는 까닭이 바로 그것이다. 구획화란 큰 그림을 조각냄으로써 전체가 아니라 부분만 보게 하는 것이다.

어떤 남자가 당신에게는 발언할 권리가 없고 상황을 정의할 권리도 없다는 믿음에 의거해 행동한다고 하자. 그것은 저녁식사 자리에서나 학회에서 당신의 말을 자르는 행동일 수도 있다. 아니면 당신에게 입 다물라고 말하거나, 당신이 입을 열었을 때 위협하거나, 말을 꺼냈다고 해서 때리거나, 당신을 영영 침묵시키고자 아예 죽이는 것일 수도 있다. 그는 당신의 남편일 수도 있고, 당신의 아버지, 상사나 편집자, 모임이나 열차에서 만난 낯선 남자일 수도 있다. 혹은 딴 여자에게 화가 났는데 '여성'이란 워낙 좁은 범주라서 당신이 '그녀'를 대신할 수 있다고 생각하는, 생판 처음 보는 남자일 수도 있다. 당신에게는 아무런 권리가 없다고 말하는 그런 남자들은 어디에나 있다.

위협이 행동으로 이어지는 경우도 많다. 온라인에서 강간과 살해 협박을 받는 표적들이 그런 위협을 진지하게 여기는 것은 그 때문이다. 위협을 용인하는 웹사이트들과 위협을 대체로 무시하는 법 집행 관계자들은 별로 진지하게 여기지 않는 것 같지만. 꽤 많은 여자들이 남자친구나 남편을 떠났다가 살해되는데, 그 남자들은 여자가 자신의 소유물이며 여자에게는 자기결정권이 없다고 믿는다.

이런 음울한 주제에도 불구하고, 최근 들어 페미니즘이 제 힘을 보여준 것은 참으로 인상적인 일이다. 나는 로저의 대량살인이 벌어진 주말에 어맨다 헤스(Amanda Hess), 제시카 밸런티(Jessica Valenti), 쏘라야 셰멀리(Soraya Chemaly), 로리 페니, 어맨다 마콧(Amanda Marcotte), 제니퍼 포즈너 등등의 젊은 페미니스트들이 재깍 행동에 나서는 모습을 보면서 짜릿했고, 트위터에서 #여자들은다겪는다 해시태그를 붙인 글들이 쏟아지는 것을 보면서 놀랐다. 많은 남자들이 사려 깊은 발언을 제기하는 모습에는 뭉클했다. 점점 더 많은 남자들이 "모든 남자가 다 그렇진 않아"라고 말하는 방관자로 머물기보다 적극적으로 개입하고 있다.

우리는 한때 급진적이던 사상들이 오늘날 주류 미디어에서 만개하는 모습을 목격하고 있다. 우리의 주장들이, 세상을 완전히 새롭게 바라보는 방식들이 갈수록 세력과 지지자를 얻는 모습을 보고 있다. 어쩌면 우리는 2012년 12월 쌘디훅(Sandy Hook) 초등학교 총격사건 이래 마흔 건이 넘는 학교 총격사건을 겪으면서도 여전한 총기규제 반대 논리에 넌더리가 났는지도 모른다. 통제와 복수를 꿈꾸는 마초적 환상의 결과에도, 여성에 대한 증오에도.

베티 프리던이 말했던 '이름 없는 문제'를 지금 돌아보면, 그 시절은 오늘날 우리가 사는 세상과는 엄청나게 다른 세상이었음을 깨닫게 된다. 그 세상의 여성들은 훨씬 더 적은 권리와 훨씬 더 작은 목소리를 지녔다. 여성이 남성과 동등해야 한다는 주장은 주변부의 견해였다. 그에 비해 지금은, 최소한 미국에서만큼은, 동등하지 않아야 한다는 주장이 주변부의 견해며 법도 대체로 우리 편이다. 투쟁은 지루하고 험난하고 때로 추악했으며 앞으로도 그럴 것이다. 페미니즘에 대한 역공도 여전히 야만적이고 강력하고 보편적이다. 그러나 이제는 그들이 이기지 못한다. 세상은 엄청나게 바뀌었으며, 앞으로도 더 많이 바뀌어야 한다. 그리고 우리가 애도와 성찰과 대화를 나누었던 그 주말, 우리는 변화가 벌어지는 모습을 목격했다.

〔2014〕

MAN SPLAIN 9

판도라의 상자와
자원경찰들

여권과 페미니즘의 역사는 종종 최후의 이정표에 벌써 가닿았어야 하는 사람인 것처럼, 아니면 그곳을 향해서 충분히 전진하는 데 실패한 사람인 것처럼 묘사된다. 새 천년에 들어설 무렵에는 많은 사람들이 페미니즘은 이미 실패했거나 다 끝났다고 말하는 것 같았다. 한편, 1970년대에는 '당신들의 오천년은 끝났다'라는 제목의 멋진 페미니즘 전시가 있었는데, 그것은 독재자들과 폭력적인 체제를 향해 '당신들의 ○○년은 끝났다'고 외쳤던 여러 급진적 선언들을 흉내낸 말이었다. 또한 그것은 또다른 중요한 사실을 지적하는 말이었다.

페미니즘은 어쩌면 대부분이라고 해도 될 만큼 많은 문화에, 셀 수 없이 많은 조직에, 세상 대부분의 가정에, 무엇보다도 모든 것이 시작되고 끝나는 우리의 마음에 깊이 뿌리내렸을 뿐 아니라 아주 오래되고 광범위하게 퍼진 무언가를 바꾸려는 노력이다. 그러니 지난 40,50년 동안 이토록 많은 변화가 이루어졌다는 것은 대단한 일이다. 그리고 매사가 영구적으로 확실하게 되돌릴 수 없을 만큼 변하진 않았다고 해서 그게 꼭 실패의 증거는 아니다. 한 여자가 천 마일의 길을 걷기 시작한다. 그녀가 발을 내디딘 지 겨우 20분이 지났을 때, 사람들은 그녀에게는 갈 길이 아직 999마일이나 남았으며 그녀는 아무 데도 도달하지 못할 것이라고 단언한다.

변화에는 시간이 걸린다. 군데군데 이정표가 있기는 하지만, 워낙 많은 사람들이 이 길을 제 나름의 속도로 걷는데다가 어떤 사람들은 뒤늦게 합류하고, 어떤 사람들은 전진하는 사람들을 멈춰 세우려고 하고, 심지어 소수의 사람들은 역방향으로 행진하거나 어느 방향으로 가야 할지 몰라 혼란스러워한다. 우리는 각자의 삶에서도 때로 역행하고, 실패하고, 계속 나아가고, 다시 시도하고, 길을 잃고, 가끔은 훌쩍 뛰어넘고, 스스로가 찾고 있었다는 것조차 몰랐던 것을 발견하고, 그러면서도 여전히 여러 세대에 걸쳐 모순을 간직하곤 하지 않는가.

길은 머릿속에 그리기 쉬운 깔끔한 이미지이다. 그러나 변화와 변형의 역사를 직선 도로처럼 묘사한다는 점에서, 가령 남아프리카공화국과 스웨덴과 파키스탄과 브라질이 다 함께 발맞추어 행진하는 것처럼 묘사한다는 점에서 오해를 일으키는 비유이기도 하다. 그래서 내가 좋아하는 비유는 따로 있다. 진보가 아니라 돌이킬 수 없는 변화를 표현하는 비유이다. 그것은 바로 판도라의 상자다. 취향에 따라서는 『아라비안 나이트』에 나오는 호리병 속 지니라고 해도 좋다. 사람들이 판도라 신화에서 보통 강조하는 대목은 단지를—신들이 판도라에게 준 것은 사실 상자가 아니라 단지였다—엶으로써 그 속에 들어 있던 온갖 재앙을 세상에 퍼뜨린 여자의 위험한 호기심이다.

그런가 하면 단지에 끝까지 남은 것, 즉 희망을 강조할 때도 있다. 그러나 지금 내게 흥미로운 대목은, 아랍 설화의 지니들과 마찬가지로, 판도라가 내보낸 힘들이 도로 상자로 돌아가지 않았다는 점이다. 지혜의 나무에서 선악

과를 따 먹은 아담과 이브는 두번 다시 무지한 상태로 돌아가지 않았다. (몇몇 고대 문화는 우리에게 온전한 인간성과 의식을 주었다는 점에서 이브에게 고마워한다.) 한번 벌어진 일을 돌이킬 수는 없다. 1973년에 로 대 웨이드 (Roe v. Wade) 재판으로 연방대법원이 낙태를 합법화했을 때——정확히 말하자면 여성에게는 자기 몸에 대한 프라이버시를 지킬 권리가 있으며 그 권리에 의거하면 낙태 금지는 불가능하다고 판결했을 때——여성들이 얻은 생식권을 누군가 도로 빼앗을 수는 있을 것이다. 그러나 여성에게 결코 빼앗을 수 없는 어떤 권리들이 있다는 생각만큼은 그리 쉽게 없앨 수 없을 것이다.

여기서 흥미로운 대목은 당시에 대법관들이 그 권리를 정당화하기 위해서 1868년에 채택된 수정헌법 제14조를 인용했다는 점이다. 남북전쟁이 끝난 뒤에 한때 노예였던 사람들의 권리와 자유를 확립하는 방편으로 도입된 수정 조항의 하나 말이다. 그러니 보라, 노예제 폐지운동은——그 운동에는 여성들도 강력하게 참여했고, 그 운동이 페미니즘적 파급 효과를 낳기도 했다——수정헌법 제14조로 이어졌고, 그로부터 한 세기가 넘게 지나서 이번에는 그 수

정조항이 여성들을 도왔다. '자업자득'이라는 말은 자신이 자신에게 저주를 걸었다는 뜻으로 쓰이지만, 가끔은 돌아오는 업이 선물일 때도 있는 법이다.

상자 밖에서 생각하기

단지 혹은 상자로 돌아오지 않는 것은 생각들이다. 그리고 혁명은 다른 무엇보다도 생각들로 이루어진다. 보수주의자들이 미국의 여러 주에서 그러는 것처럼 여성의 생식권을 훼손할 수는 있을지언정, 다수의 여성들에게 당신에게는 자기 몸을 통제할 권리가 없다는 생각을 믿게끔 만들수는 없다. 실제적인 변화는 마음과 정신의 변화에 뒤따르는 법이다. 그런 변화가 벌어진 뒤에야 법적, 정치적, 경제적, 환경적 변화가 벌어지는데, 다만 권력이 누구에게 있느냐가 중요한 문제이기 때문에 언제나 반드시 그렇게 되는 것은 아니다. 그렇다보니 가령 대부분의 미국인들이 설문조사에서 현 상황과는 전혀 다른 경제제도를 원한다고 응답하고, 대부분의 시민들이 기후 변화에 관해서 관련 결정을 통제하는 기업들이나 결정을 내리는 당사자들보다 더 기꺼이 급진적 변화를 추구할 용의가 있다고 응답하는 상황이 생기게 된다.

그러나 사회적 영역에서 사상은 큰 힘을 발휘한다. 사상의 힘이 가장 극적으로 발휘되었던 영역은 게이, 레즈비언, 트랜스젠더의 권리운동이다. 불과 반 세기 전만 해도 엄격한 이성애자가 아닌 사람은 범죄자나 정신질환자, 혹은 둘 다로 여겨졌으며, 엄격하게 처벌받았다. 그런 취급에 대한 보호책이 없었음은 물론이려니와 도리어 박해와 배제를 명하는 법률이 있었다.

이 놀라운 변혁은 보통 사법정책의 변화로, 법 개정을 추구했던 운동들의 이야기로서 서술된다. 그러나 그 이면에는 호모포비아라고 불리는 무지, 두려움, 증오를 감소시킨 사상의 변혁이 있었다. 미국에서 호모포비아는 줄기차게 감소하여 이제는 젊은이들보다는 늙은 층의 특징이 되었다. 문화가 그런 쇠락을 부추겼으며, 벽장이라고 불리는 닫힌 상자 밖으로 나와서 공개적으로 자신을 드러낸 수많은 동성애자들이 그런 쇠락을 퍼뜨렸다. 내가 이 글을 쓰는 동안 남캘리포니아의 어느 고등학교에서는 젊은 레즈비언 커플이 홈커밍데이 공동여왕으로 뽑혔고, 뉴욕의 어느 고등학교에서는 두 게이 소년이 학교에서 가장 귀여운

210

커플로 뽑혔다. 이런 일은 고등학교 인기투표에서 벌어진 시시한 사건에 지나지 않을지도 모르지만, 불과 얼마 전만 해도 아마 절대로 불가능한 일이었을 것이다.

또한 지적할 만한 사실은, (이 책에 실린 글 「위협을 칭송하며」에서도 말했듯이) 결혼을 동성의 두 사람에게까지 확장할 수 있다는 개념이 가능해진 데는 결혼을 기존의 위계체제로부터 해방시키고 평등한 두 사람의 관계로 재발명한 페미니스트들의 기여가 컸다는 점이다. 여러 사실들이 시사하는바, 평등결혼에서 위협을 느끼는 사람들은 동성 커플뿐 아니라 이성 커플 사이의 평등이라는 개념에도 위협을 느낀다. 자업자득의 측면에서, 해방은 전염되는 사업이다.

여성 혐오와 마찬가지로 호모포비아는 아직 끔찍한 수준이다. 과거만큼, 이를테면 1970년만큼 끔찍하진 않을 뿐이다. 발전을 음미하면서도 안주하지 않는 것은 섬세한 작업이다. 그러려면 우리는 희망을 품어야 하고, 동기를 느껴야 하고, 미래의 보상을 계속 주시해야 한다. 모든 게 다 괜찮다고 말하거나 결코 더 나아질 수 없다고 말하는 것은 아무 데로도 가지 않겠다는 말이다. 혹은 아무 데로도 가지 못하도록 막는 일이다. 두 접근법은 모두 여기에서 벗어날 길은 없다는 생각을 깔고 있다. 혹은 길이 있더라도 당신이 갈 필요는 없거나 갈 수 없으리라는 생각을 깔고 있다. 그러나 당신은 갈 수 있다. 우리에게는 길이 있다.

아직 갈 길이 머나멀지만, 우리가 그동안 얼마나 멀리 걸어왔는지 돌아본다면 힘이 날 것이다. 가정폭력은 몇십 년 전에 페미니스트들이 그 현상을 드러내고 규탄하는 영웅적 노력에 나서기 전에는 대체로 드러나지도 처벌되지도 않는 행동이었다. 요즘은 가정폭력이 경찰에 접수되는 신고 중에서 상당한 비율을 차지하지만, 법 집행은 아직 대부분의 지역에서 미미한 수준이다. 그래도 남편에게 아내를 때릴 권리가 있다거나 그런 일은 사적인 문제라는 생각이 조만간 되살아날 리는 없다. 지니는 호리병으로 도로 들어가지 않는다. 그리고 이것이야말로 혁명이 실제 작동하는 방식이다. 모든 혁명은 무엇보다도 생각의 혁명이다.

뛰어난 아나키스트 사상가 데이비드 그레이버(David Graeber)는 최근에 이렇게 썼다(2013년에 쓴 글 "A Practical Utopian's Guide to the Coming Collapse"를 가리킨다. thebaffler.com 참조).

혁명이란 무엇인가? 우리는 답을 안다고 생각했다. 혁명이 벌어진 나라의 정치, 사회, 경제 체제를 근본적으로 변화시키기 위해서, 대개는 정당한 사회라는 모종의 이상적 전망에 따라 대중세력이 권력을 잡는 일이라고. 그러나 현재 우리가 사는 시대에는 설령 혁명군이 도시를 휩쓸거나 대중봉기로 독재자가 타도되더라도, 그런 사건이 그런 의미를 띨 가능성은 낮다. 심오한 사회변화는—가령 페미니즘의 득세처럼—전혀 다른 형태를 띨 가능성이 높다. 이것은 우리 현실에 혁명의 이상이 더이상 존재하지 않는다는 뜻이 아니다. 우리 시대 혁명가들은 현대의 바스띠유 습격에 해당하는 사건을 일으킴으로써 이상을 실현할 수 있다고는 좀처럼 생각하지 않는다는 뜻이다. 이런 시점에는 우리가 이미 아는 역사로 되돌아가서 이렇게 물어보는 게 도움이 되는 법이다. 정말로 혁명은 우리가 생각한 그런 것이었을까?

그레이버는 그렇지 않다고 주장한다. 혁명은 사실 특정 체제에서 권력을 확보하는 일이 주가 되는 사건이 아니고,

그보다는 파열을 통해서 새로운 사상과 제도가 탄생하고 그 충격이 퍼지는 사건이었다. 그레이버는 "1917년 러시아혁명은 소련 공산주의뿐 아니라 궁극적으로 뉴딜 정책과 유럽 복지국가들을 낳았다는 점에서 세계적 혁명이었다"라고 말한다. 그 말인즉 러시아혁명이 재앙만을 낳았다는 종래의 가설을 뒤집을 수 있다는 뜻이다. 그는 이어서 이렇게 말했다. "대열의 맨 마지막은 1968년 세계혁명이었다. 1848년 혁명과 상당히 비슷한 방식으로, 1968년 혁명은 중국에서 멕시코까지 거의 모든 곳에서 터졌고, 그 어디에서도 권력을 잡지 못했지만, 그럼에도 불구하고 모든 것을 바꿔놓았다. 그것은 국가관료주의에 대항하는 혁명이었고, 개인적 해방과 정치적 해방을 분리할 수 없다고 주장하는 혁명이었으며, 그 혁명이 남긴 가장 영속적인 유산은 현대 페미니즘의 탄생일 것이다."

자원경찰들

이렇게 고양이는 가방에서 나왔고, 지니는 호리병에서 나왔고, 판도라의 상자는 열렸다. 되돌릴 수는 없다. 그래도 여전히 우리를 되돌리려고 애쓰거나 최소한 이 자리에서 멈추게 하려고 애쓰는 세력들이 많다. 가끔 몹시 침울할 때면, 나는 우리 여성은 둘 중 하나를 골라야 하는 게 아닐까 하는 생각이 든다. 예속에서 벗어난다는 이유로 처벌받거나 끊임없는 예속 상태라는 처벌을 받는 것 중 하나를. 생각은 상자로 도로 들어가지 않을지라도, 여성을 제자리에 돌려놓으려고 애쓰는 막강한 힘들은 여전히 존재한다. 아니, 여성 혐오자들이 보기에 여성이 속한 자리라고 말해야 옳을 것이다. 그것은 침묵과 무기력의 자리다.

지금으로부터 20년도 더 전에, 수전 팔루디(Susan Faludi)는 『역공: 미국 여성에 대한 선전포고 없는 전쟁』 (*Backlash: The Undeclared War Against American Women*) 이라는 기념비적인 책을 펴냈다. 팔루디는 그 책에서 당시 여성들이 처했던 진퇴양난을 묘사했다. 여성들은 완전한 해방과 힘을 확보한 것에 대해 축하받으면서도, 한편으로는 수많은 기사와 보고서와 책을 통해서 자신들이 그렇게 해방됨으로써 오히려 비참해진 거라는 말을 들었다. 그들은 완전하지 못하고, 실패하고 있고, 기회를 잃고 있고, 외로워하고 있고, 좌절하고 있다고 했다. 팔루디는 이렇게 말했다. "좌절의 공고는 사방에 붙어 있다. 신문 가판대에,

텔레비전에, 영화에, 광고와 병원 진료실과 학술 저널에. 어떻게 미국 여성들은 그토록 축복받은 존재로 여겨지는 동시에 그토록 어려움에 처할 수 있단 말인가?"

팔루디의 대답은 부분적으로 이랬다. 미국 여성들은 평등을 쟁취하는 데 있어서 사람들의 생각만큼 그렇게 크게 성공한 것은 아니었다. 그러나 많은 보고서들이 말하는 것처럼 그렇게 괴로운 처지인 것도 아니었다. 그런 기사들은 역공이었다. 꿋꿋이 전진하는 사람들을 뒤로 물리기 위한 시도였다.

여성의 비참함과 운명을 내세우는 설교는 아직 사라지지 않았다. 2013년 말 잡지 『n+1』의 사설은 최근 들어 『애틀랜틱』에 여성에게 역공을 퍼붓는 기사가 빈번히 실린다는 점을 지적했다.

들어보세요, 아가씨들. 그런 기사들은 이렇게 말한다. 지금부터 여러분을 제약하고 폄하하는 이야기를 하겠습니다. 여성 필자들은 '현대 여성'이 직면한 어떤 딜레마를 서술하며, 자신의 인생을 하나의 사례로서 제공한다. … 그들이 묘사하는 문제는 다양하지만, 그들이 보여주는 전

망은 다 같다. 전통적인 젠더관계는 대체로 영속할 것이
며 진정으로 진보적인 사회변화는 가망이 없다는 것이
다. 마치 좋은 친구처럼, 『애틀랜틱』은 여성들에게 이제
는 더이상 페미니스트인 척하지 않아도 좋다고 부드럽
게 알려준다.

이런 자원경찰들은 여성을 제자리에 묶어두거나 도로
그곳으로 집어넣으려고 애쓴다. 온라인 세상에는 눈에 잘
띄는 여성들에게 주로 익명으로 강간과 살해 협박을 보내
는 이들이 넘쳐난다. 이를테면 온라인 게임에 참여하는 여
자들에게, 논쟁적인 문제에 대해서 의견을 밝힌 여자들에
게, 최근에는 심지어 영국 지폐에 여성의 얼굴을 싣자는
운동을 이끈 여자에게도(이 사건은 협박자들 중에서 몇명
을 추적하여 법의 심판에 넘겼다는 점에서 특이한 사례였
다).(2013년 4월에 영국은행이 지폐에 실린 유일한 여성인 엘리자베
스 프라이 대신 윈스턴 처칠을 넣을 계획이라고 밝히자, 저널리스트 캐
럴라인 크리아도페레즈는 그에 반대하며 제인 오스틴을 지폐에 싣자
는 캠페인을 벌였다. 캠페인에 많은 서명자가 가세했고, 결국 영국은행
도 받아들였다. 당시 크리아도페레즈는 트위터로 수많은 여성 혐오적

협박을 받았는데, 그중 추적된 두 사람이 2014년 1월 유죄를 선고받았다. 두 가해자 중 한명은 여성이었다.) 작가 케이틀린 모런(Caitlin Moran)은 트위터에서 이렇게 말했다. "'불평하지 말고 그냥 차단하지?'라고 말하는 사람들에게. 반응이 유독 격렬한 날은 한 시간에 50건씩 폭력적/강간 메시지가 올 때도 있다."

어쩌면 지금 세상에서는 전면전이 벌어지고 있는지도 모른다. 성의 전쟁이 아니라—보수적인 여성과 진보적인 남성이 반대편에 서 있기 때문에 구분이 그렇게 간단치 않다—성 역할의 전쟁이다. 이것은 일각에서 위협과 분노를 느낄 만큼 페미니즘과 여성들이 꾸준히 전진하고 있다는 증거이기도 하다. 강간과 살해 협박은 퉁명스러운 반응이다. 그보다 좀더 점잖은 반응은 팔루디와 『n+1』이 언급했던 기사들, 즉 여성들에게 여성의 정체성이 무엇인지, 여성이 갈망해도 좋은 역할이 무엇인지, 갈망해선 안 되는 역할이 무엇인지 일러주는 기사들이다.

무신경한 성차별도 사방에서 틈만 나면 우리에게 고삐를 채우려고 든다. 『월스트리트 저널』의 한 사설은 아빠 없이 자라는 아이가 많아지는 현상을 여자들 탓으로 돌리면서 '여성 경력주의'라는 용어를 썼다. 이에 대해 어맨다 마콧은 『쌀롱』에 실은 글에서 이렇게 말했다. "말이 나왔으니 말인데, 구글에서 '여성 경력주의'를 검색하면 링크가 잔뜩 나오지만, '남성 경력주의'라고 검색하면 구글이 혹시 '남성 경력'을 검색하려던 것이냐고 되묻는다. '경력주의'—유급 일자리를 가지려는 병적인 욕구—는 여자들만 걸리는 병인 모양이다."

그다음에는 여성 유명인사들의 육체와 사생활을 순찰하면서 쉴 새 없이 트집을 잡는 타블로이드들이 있다. 너무 뚱뚱하다느니, 너무 말랐다느니, 너무 섹시하다느니, 너무 안 섹시하다느니, 너무 오래 독신이라느니, 아직 애를 안 낳았다느니, 애를 낳을 기회를 놓치고 있다느니, 애는 낳았지만 적절히 양육하지 못하고 있다느니… 그러면서 그들은 모든 여성의 야심은 훌륭한 배우, 가수, 자유의 대변인, 모험가가 되는 것이 아니라 현모양처가 되는 것이라고 가정한다. 유명한 숙녀들, 상자로 도로 들어가시죠. (패션잡지와 여성잡지는 독자에게 그런 목표를 추구하는 방법을 알려주는 데, 혹은 그런 문제에 관해서 독자에게 무엇이 부족한지를 알려주는 데 많은 지면을 쓴다.)

1991년에 쓴 걸작에서 팔루디는 이렇게 결론지었다. "역공세력이 발휘하는 거센 힘에도 불구하고 … 여성들은 결코 굴복하지 않았다." 오늘날 보수주의자들은 대체로 승산 없는 싸움을 벌이고 있다. 그들은 그들이 생각하는 모습으로 존재한 적이 사실상 한번도 없었던 세상을 재현하려고 애쓴다(그나마 그들의 생각에 조금이라도 가까웠던 세상은 벽장으로, 부엌으로, 분리된 공간으로, 눈에 보이지 않는 곳으로, 침묵으로 사라지도록 강요당했던 많은 사람들, 압도적 다수의 희생 위에서 존재했다).

현재의 인구 구성 때문에라도―미국이 주로 백인으로 구성된 나라로 돌아가는 일은 없을 것이다―보수주의자들의 압력은 통하지 않을 것이다. 지니들은 호리병으로 돌아가지 않을 테고, 동성애자들은 벽장으로 돌아가지 않을 테고, 여성들은 굴복하지 않을 것이다. 이것은 전쟁이다. 그리고 비록 우리가 조만간 이기지는 못하더라도, 우리가 지고 있다고는 생각하지 않는다. 우리는 어떤 전투에서는 이겼고, 어떤 전투는 지금 한창 치르고 있다. 어떤 여성들은 썩 잘해나가고 있고, 어떤 여성들은 괴로워하고 있다. 세상은 흥미진진한 방식으로, 가끔은 상서롭다고 봐도 좋을 만한 방식으로 지금도 변하고 있다.

남자들은 무엇을 원하는가?

여성은 영원한 주제(subject)다. 이때 주제란 종속, 혹은 예속, 심지어는 속국과도 거의 같은 말이다('subject'에는 '종속시키다'라는 뜻도 있다). 그에 비해 남자들이 행복한지 아닌지, 왜 남자들도 결혼에 실패하는지, 심지어 영화배우라도 남자들의 몸이 얼마나 멋지거나 그렇지 않은지 말하는 기사는 상대적으로 적다. 남성은 범죄의 대부분을, 특히 폭력적 범죄의 대부분을 저지르는 성이고 자살도 더 많이 한다. 미국 남성은 대학 입학 비율에서 여성에 뒤처지고 있고, 현재의 경제침체에서 여성보다 더 많이 고전하고 있다. 그러니 남성이야말로 흥미로운 탐구 주제라고 생각할 법도 하다.

나는 미래에는 더이상 페미니즘이라고 불리지 않을지도 모르는 이 논의가 앞으로 남성에 대한 더 깊은 탐구를 포함해야 한다고 생각한다. 예나 지금이나 페미니즘은 인간 세상 전체를 바꾸려는 노력이다. 벌써 많은 남자들이 이 사업에 가담했으나, 이 사업이 어떻게 남자들에게 도움이 되고 현재의 상태가 어떻게 남자들에게도 피해를 입히는지에 대해서는 훨씬 더 많은 고민이 가능하다. 폭력, 위협, 증오의 대부분을 저지르는 남자들——이들은 자원경찰의 기동대 격이다——에 대한 탐구도 그렇고, 그들을 부추기는 문화에 대한 탐구도 그렇다. 아니, 어쩌면 이런 탐구는 벌써 시작되었는지도 모른다.

2012년 말, 두 강간사건에 세계적으로 엄청난 관심이 쏠렸다. 뉴델리에서 조티 씽이 집단성폭행당한 뒤 살해된 사건과 공격자와 피해자가 모두 십대였던 스튜번빌 고등학교 강간사건이었다. 내가 기억하기로 여성에 대한 일상적 폭행이 린치나 동성애자 공격 같은 다른 증오범죄와 비슷하게 취급된 것은, 달리 말해 개별적인 고발로만 처리할 게 아니라 사회 전체가 다뤄야 할 만큼 폭넓게 퍼져 있고 더이상 참기 힘든 현상의 한 사례로서 취급된 것은 그때가 처음이었다. 이전에 강간은 비정상 범죄자에 의한 고립된 사건으로(혹은 통제 불능의 본능적 충동이나 피해자의 행실이 일으킨 사건으로) 묘사되었을 뿐, 문화적 원인이 있는 폭넓은 패턴으로 묘사되진 않았다.

대화는 변했다. '강간문화'라는 용어가 널리 유통되기

시작했다. 이 용어는 광범위한 문화 자체가 개별 범죄들을 양산한다는 점을 지적했으며, 우리가 두 측면을 모두 다뤄야 하고 다룰 수 있다고 주장했다. 페미니스트들이 이 용어를 처음 사용한 것은 1970년대였지만, 여러 증거로 보건대 이 말이 대중에게 유통되기 시작한 것은 성폭력 피해자를 비난하는 발언에 대한 항의로서 2011년에 시작된 슬럿 워크(slut walk) 운동 때부터였다.

발단은 토론토의 어느 경찰관이 대학에서 안전교육을 하던 중 여학생들에게 잡년(slut)처럼 옷을 입지 말라고 말한 것이었다. 슬럿워크는 금세 국제적인 현상이 되었다. 젊은 여성들이 주를 이룬 시위대는 섹시한 차림으로 공공 공간을 행진했다(1980년대의 '밤길을 되찾자' 행진과 비슷하지만 립스틱은 더 많이 바르고 옷은 덜 걸쳤다)(1970년대부터 유럽과 미국을 시작으로 번져 지금까지 전세계에서 진행되는 '밤길을 되찾자'Take Back the Night 운동은 여성에게 폭력을 걱정하지 않고 밤길을 다닐 권리가 있다고 주장하면서 밤길을 행진하는 시위를 벌인다). 젊은 페미니스트들은 아주 신나는 현상이다. 그들은 똑똑하고 대담하고 재미나게 여성의 권리를 옹호하고, 공간에 대한 권리를 주장한다. 그들은 대화를 바꾼다.

경찰관의 '잡년' 발언은 대학이 남학생들에게 강간하지 말라고 이르기보다는 여학생들에게 안전한 곳에 갇혀 있으라고—여기도 가지 말고 저것도 하지 말라고—말하는 데 집중하는 태도의 일부였다. 이것이 바로 강간문화의 일면이다. 그러나 캠퍼스 성폭행 생존자가 다수 포함된 여학생들이 주축이 되어 전국적인 운동을 벌임으로써, 대학들이 성폭행에 대처하는 자세를 바꾸도록 압박했다. 미국 군대에 만연한 성폭행에 대응하는 운동이 벌어짐으로써 실제 정책 변화와 고발에 성공했던 것과 비슷하다.

새로운 페미니즘은 새로운 방식으로 문제들을 드러내고 있다. 어쩌면 많은 것이 바뀐 오늘날에 와서야 비로소 그런 방식이 가능해진 것인지도 모른다. 아시아의 강간 실태를 조사한 한 연구는 아시아에 강간이 폭넓게 퍼져 있다는 걱정스러운 결론과 함께 강간이 자주 발생하는 이유를 설명하면서 '성적 권리의식'이라는 어휘를 도입했다. 보고서를 쓴 에마 풀루(Emma Fulu) 박사에 따르면 "그들은 여성의 동의와는 무관하게 자신에게 여성과 섹스할 권리가 있다고 믿었다." 한마디로 여자에게는 권리가 없다는 것이다. 그들은 대체 어디에서 그런 생각을 배웠을까?

1986년에 작가 마리 시어(Marie Shear)가 말했듯이, 페미니즘은 "여자도 사람이라는 급진적 개념"이다. 이 개념은 여태 보편적으로 받아들여지고 있지 않지만, 점점 더 확산되고는 있다. 대화의 변화는 고무적인 현상이다. 점점 더 많은 남자들이 페미니즘에 관여하는 것도 그렇다. 과거에도 늘 남성 지지자는 있었다. 1848년에 뉴욕 쎄니커폴스에서 최초의 여권대회가 열렸을 때, 미국 독립선언서를 연상시키는 여권선언서에 서명했던 백명 중 서른두명은 남자였다. 그래도 페미니즘은 여전히 여자들의 문제로 여겨졌다. 인종주의와 마찬가지로, 여성 혐오는 피해자들만 나서서는 제대로 처리할 수 없다. 이 점을 이해한 남자들은 페미니즘이 남성의 권리를 빼앗으려는 계략이 아니라 모두를 해방시키려는 운동이라는 점도 이해한다.

우리가 해방되어야 할 구속은 또 있다. 경쟁과 냉혹함과 단기적 사고와 가혹한 개인주의를 높이 사는 체제, 환경파괴와 무제한 소비를 너무나 잘 뒷받침하는 체제, 한마디로 자본주의라고 불러도 무방한 체제이다. 이런 체제는 최악의 마초성을 현실로 구현하고, 지구에 존재하는 최선의 것들을 파괴한다. 남자들이 여자들보다 이런 체제에 좀

더 잘 적응하긴 하지만, 이 체제는 사실 둘 중 어느 쪽에도 진정으로 유익하지 않다. 사빠띠스따(Zapatista) 혁명처럼 페미니즘은 물론이거니와 환경, 경제, 토착문화 등등 여러 관점을 폭넓게 아우르는 이데올로기에 따른 운동들을 떠올려보자. 그런 운동이야말로 페미니즘만은 아닌 페미니즘의 미래일지 모른다. 아니, 어쩌면 이미 페미니즘의 현재인지도 모른다. 1994년에 일어난 사빠띠스따 혁명은 지금껏 진행되고 있으며, 그밖에 다른 사업들도 무수히 많다. 그들은 우리가 누구인지, 무엇을 원하는지, 어떻게 살 수 있는지를 새롭게 상상하고 있다.

나는 2007년 말에 라깐도나 밀림에서 열린 그해의 사빠띠스따 엥꾸엔뜨로(encuentro, 스페인어로 '회합'이라는 뜻으로 사빠띠스따 혁명군이 전세계 사람들을 치아빠스로 불러 자신들의 운동에 대한 지지를 확인하고 의견을 나누는 자리다. 2007년 엥꾸엔뜨로는 특히 '사빠띠스따 여성들과 세계 여성들의 엥꾸엔뜨로'였다)에 참석했었다. 여성의 목소리와 권리에 초점을 맞춘 자리였다. 그때 그곳 여성들은 자신들이 혁명의 일환으로 가정과 공동체에서 권리를 얻은 뒤 삶이 어떻게 바뀌었는지를 감동적으로 증언했다. 한 여성은 혁명 이전에는 "우리에게 아무런 권리가 없었습니다"라고 말했다. 또다른 여성은 "제일 슬픈 점은 우리가 스스로 겪는 어려움을, 학대받는 이유를 이해하지 못했다는 겁니다. 아무도 우리에게 권리를 알려주지 않았으니까요"라고 말했다.

여기 그 길이 있다. 천 마일은 될지도 모르는 기나긴 길이다. 이 길을 가는 여성은 채 1마일도 걷지 못했다. 그녀가 얼마나 더 가야 할지 나는 모른다. 그러나 그녀가 온갖 어려움에도 불구하고 되돌아오진 않으리란 것은 안다. 그리고 그녀는 혼자 걷지 않는다. 수많은 남자, 여자 들, 그보다 더 흥미로운 다양한 젠더의 사람들이 함께할지 모른다.

여기 판도라가 손에 들었던 상자와 지니가 풀려난 호리병이 있다. 지금 그것들은 감옥과 관처럼 보인다. 이 전쟁에서 사람들은 죽을지언정, 생각들은 지워지지 않는다.

〔2014〕

옮긴이의 말

 이 책은 영영 '맨스플레인'이란 단어와 연관되어 이야기될 수밖에 없는 운명이다. 저자 리베카 솔닛이 밝혔듯이, 남성이 여성을 기본적으로 뭔가 모르는 사람으로 규정하고 자신의 말을 일방적으로 쏟아붓는 태도를 가리키는 맨스플레인은 솔닛이 만들어낸 말은 아니다. 그러나 이 책 1장의 에세이가 그 말을 유행시킨 계기였던 것은 분명하다.

 솔닛이 이 에세이를 쓴 것은 남성들에게 경각심을 주려는 뜻도 있었지만 그 못지않게 여성들에게 그런 일을 당한다고 해서 자신의 부족함을 탓하진 말라고 이르기 위해서였다. 사실 솔닛 자신도 에세이에서 언급했던 두 황당한

228

일화에서 맨스플레인을 곧바로 잘 받아치진 못했다. 그러나 솔닛은 여성들이 그런 일을 반복하여 겪음으로써 자신의 발언권과 지식을 의심하게 된다면 그 얼마나 안타까운 일인가 하는 생각에서 이 에세이를 썼다고 한다.

남성이 대화에서 성차별적 태도로 여성의 말을 자르거나 폄훼하는 일은 엄연히, 그것도 흔히 발생한다. 그래서 미국 여성들은 맨스플레인이라는 단어에 열광했다. 자신들이 줄곧 겪으면서도 그것이 광범위한 패턴임을 인식하지 못했던 현상을 이 단어로 깔끔하게 지칭할 수 있게 되었다는 점에 말이다. 이제 이 단어는 언론에서도 추가 설명 없이 빈번히 쓰인다. 일상어로 편입된 셈이다.

그렇다보니 필연적으로 비판도 쏟아졌다. 일부 남성의 행동을 남성 전체로 귀속시키는 성차별적 용어라는 비판, 여성도 남성 못지않게 상대를 무시하고 자기 말만 퍼붓는 행동을 많이 하니까 이것은 젠더 문제로 볼 수 없다는 비판, 성차별적 상황이 아닌 사례에까지 용어가 오·남용됨으로써 젠더 문제를 풀기는커녕 악감정만 쌓는다는 비판, 심지어 남성의 말에 담긴 성차별적 사상이 더 중요한데 이 용어는 발화 행태에만 주목함으로써 더 중요한 문제를 가린다는 비판까지 나왔다. 이런 비판은 당연히 귀담아들어야 한다. 여성인 나도, 여성을 호명한 용어가 새로 등장한다면 그 타당성을 진지하게 따져볼 것이다. 그것이 망상이 아니라 실제 현상인지, 예외가 아니라 패턴인지, 규명과 대처를 필요로 하는 문제적 패턴인지 등을. 모든 경우에 대답이 '그렇다'라면 그 용어는 의미있는 셈이다. 그리고 여성들은 맨스플레인이 실제로 그런 측면에서 유의미한 용어라고 말하고 있다. 더구나 용어의 오용은 어느 단어든 겪는 문제다. 이 용어가 그 단계를 넘어서서 유효하게 정착할지 오해의 소지가 적은 다른 표현으로 변천할지는 사용자들의 토론으로 정해질 것이다. (맨스플레인을 '설명남' '훈장남' '오빠스플레인' 등으로 번역하자는 말도 나왔다.)

젠더 문제에서 특정 성을 호명한 용어가 갑론을박의 대상이 되는 경우는 흔하다. 멀리 갈 것 없이 '페미니즘'이란 단어부터가 그렇다. 여성 참정권을 획득했던 1세대 페미니즘과 기타 제도적·문화적 평등을 추구했던 2세대 페미니즘의 물결이 지나간 오늘날, 어떤 사람들은 페미니즘은 이미 끝난 것이라고 말한다. 더 나아가 페미니즘은 남성의 권리를 박탈하려는 것이고, 여성 중에서도 사회적·경제적 처지가 다른 소수집단에는 억압이 된다고 말한다. 한때 해방의 용어였던 페미니즘은 이기주의와 과격의 이미지를 쓰게 되었다. '난 페미니스트는 아니지만…'으로 말문을 여는 화법이 일상화했다.

지난 2월, 트위터에서 이른바 페미니스트 해시태그 운동이 벌어졌다. 계기는 칼럼니스트 김모씨가 여성잡지에 쓴 「IS(이슬람국가)보다 무뇌아적 페미니즘이 더 위험해요」라는 글이었다. 그는 '남성이 역차별 당하는 시대이고 나는 페미니스트가 싫기 때문에 IS가 좋다'는 말을 남기고 시리아 접경지역으로 가서 추정컨대 IS에 합류한 17세 김모군을 두둔하면서, 군가산점제도에 반대하는 이기적이고 비합리적인 페미니스트들이 사회에 훨씬 해가 된다고 주장했다. 여기에 대해 남녀를 불문하고 많은 트위터 사용자가 '#나는페미니스트입니다'라는 해시태그를 단 글을 올려 스스로 페미니스트임을 떳떳하게 선언하고 그 칼럼니스트와 잡지의 사과를 끌어냈다.

아니나 다를까, 여기에 대해서도 비난이 쏟아졌다. 실천

옮긴이의 말

없이 말뿐인 가상공간의 헛소동이라느니(그러나 그렇지 않았고, 민우회를 비롯한 여성단체들을 후원하자는 독려로 이어져 실제 성과가 있었다), 남성을 비난하지 말고 온화한 말로 운동할 순 없느냐느니, 정말로 페미니즘이 남녀 모두에게 유익한 것이라면 왜 휴머니즘이나 평등주의라고 하지 않고 굳이 페미니즘이라고 하느냐느니.

그런데 이런 반발 중에서도 저 마지막 말은 해시태그 페미니스트 선언의 핵심을 완전히 간과한 것이다. '나는 페미니스트입니다'라는 선언은 무엇보다도 페미니즘에 씌워진 부정적 의미를 걷어내고 현재에 필요하며 바람직한 방향으로 그 용어를 되찾겠다(reclaim)는 뜻이다. 용어가 문제적 현상을 호명함으로써 변화를 돕는 도구라고 할 때, 날이 너무 무뎌서 아무것도 벨 수 없는 도구는 쓸모가 없다. 휴머니즘이나 평등주의라는 대체 후보 용어의 경우가 그렇다. 젠더의 문제를 다룰 때 젠더를 빼고 말할 순 없다. 내부 지형이 복잡하고 다층적이라고 해서 그보다 더 거시적인 패턴을 없는 셈 칠 순 없다. 사람들은 페미니즘이라는 용어가 아직껏 꼭 필요한 도구인 현실을 조명하기 위해서 그 용어를 되찾으려는 것이다.

이것이 우리나라에서만 나타난 일회적 사건인가 하면, 그것도 아니다. 이 책 8장을 보라. 지금까지 말한 사건을 복사해서 붙인 것처럼 꼭 닮은 일이 이미 미국에서도 벌어졌다. 일부 남성의 공공연한 여성 혐오라는 발단도, 여성들의 문제제기도, 그에 대한 일부 남성들의 비아냥까지 똑같은 경과로 진행된 일이었다.

그렇다면 솔닛을 비롯한 여성들이 맨스플레인이라는 신조어와 페미니즘이라는 되찾은 용어로 조명하고자 하는 현실은 무엇일까. 페미니즘이 이미 완료된 사업이라는 통념과는 달리 여성은 아직 평등한 세상에 살지 못한다는 사실이다.

솔닛은 미국에서 9초마다 한명씩 여성이 폭력을 당하고 여성의 3분의 1이 성폭력을 경험하는 현실을 지적한다. 수많은 강간이 실제로 저질러져서 여성은 일상적으로 두려워하며 살아가는데도 많은 남성은 '모든 남자가 강간범은 아니다'라며 각각의 사건을 예외로 간주하려 든다. 수많은 여성이 남성 파트너의 손에 죽고 그 역은 비교할 수조차 없이 작은 규모인데도 사람들은 젠더를 쏙 빼고 다른 요인으로만 문제를 설명하려 든다. 여성의 증언에 법적 효력이 없는 일부 이슬람 국가까지 갈 것도 없다. 그보다 훨씬 사소한 문제에서도 젠더의 권력 차이로 인해 의식적으로든 무의식적으로든 가해자가 된 남성을 비난하는 대신 피해자 여성을 나무라는 말, 도리어 가해자의 입장을 헤아리라는 오지랖 넓은 충고가 차고 넘친다.

솔닛은 여성에 대한 이런 폭력, 혐오, 폄훼는 낱낱이 떨어진 사건들이 아니라고 강조한다. 이것은 광범위한 사회문화적 맥락이 배태한 현상의 여러 표출 형태이다. 게다가 여성에 대한 폭력과 혐오를 용인하는 태도는 모든 차원에서 작동하며 자칫하면 더 나쁜 방향으로 미끄러지기 쉬운 연속된 경사로에 놓여 있으므로, 강간은 나쁘지만 맨스플레인은 웃고 넘어가도 좋은 일 아니냐고 태평하게만 말할 순 없다. 여성의 입을 다물게 하고 세상에서 여성의 존재를 지우는 힘으로 작용한다는 점에서는 양자가 같으므로.

솔닛은 이 책에서 동성결혼, 이른바 제1세계의 제3세계 착취, 예술비평 등 다른 주제도 이야기한다. 원래 여러 매체에 실렸던 글들 중에서 페미니즘에 관한 것을 골라 묶은 탓이기도 하지만, 한편으로는 솔닛의 특징을 잘 보여주는 대목이다. 솔닛의 글은 한마디로 묘사해서 소요하는 (meandering) 글이다. 가지를 쳐내어 단선적인 내러티브를 구축하는 대신 더 많은 것들을 서로 잇고 수면 아래 감춰진 것들을 드러내어 더 많은 것들을 포함하려는 글이다. 솔닛이 5장 「거미 할머니」에서 지지하는 원칙들이 고스란히 구현된 것 같은 글쓰기다.

솔닛은 에세이라고밖에 표현할 수 없는 이런 글쓰기가 자신에게는 필연적인 선택이었다고 말한 바 있다. 그도 한때는 분석적인 미술비평, 저널리즘 기사, 사적 에세이를 따로따로 썼지만, 1980년대 네바다 핵시험장에서의 반핵운동 경험을 기록하면서 그토록 다층적인 사건들과 행위자들을 포괄하기 위해서는 모든 경로를 다 거닐어보는 글, 뜻밖의 연결을 환영하는 글, 끝나지 않는 대화를 시작하는 글, 그러면서도 자신의 목소리를 숨기지 않는 글이 되어야 함을 깨달았다고 한다.

애초 솔닛에게는 그런 다른 주제들과 페미니즘이 별개의 문제가 아니다. 솔닛이 페미니즘을 생각하게 된 계기는 두가지인데, 하나는 폭력적이고 위압적인 분위기였던 유년기의 집안에서 어머니가 페미니즘 잡지 『미즈』(*Ms.*)를 창간호부터 구독한 일이고, 다른 하나는 청소년이 되어 세상을 맘껏 탐험하고 싶었던 그녀가 여성은 밤거리를 내키는 대로 쏘다닐 수 없다는 사실을 깨닫고 불합리하다고 느꼈던 일이라고 한다. 솔닛이 『걷기의 역사』에서 인용한 씰비아 플라스(Sylvia Plath)의 말을 빌리면, "나는 내가 말을 건넨 모든 사람과 가능한 한 깊이 대화를 나누고 싶다. 나는 열린 들판에서 잠들고 싶고, 서부를 여행하고 싶고, 밤거리를 자유롭게 거닐고 싶다." 플라스와 마찬가지로 솔닛에게도 페미니즘은 공동체와의 연결, 풍경에 대한 사랑, 지리적으로나 은유적으로나 자유로운 소요에의 갈망과 근본적으로 이어진 문제이다.

솔닛의 글이 지닌 또다른 중요한 요소는 희망이다. 번역된 책 중 『어둠 속의 희망』은 이라크전쟁과 부시의 재선으로 진보진영이 앞날을 기약할 수 없는 패배를 당한 것 같던 시점에 과감하게 희망을 이야기한 책이고, 『이 폐허를 응시하라』는 북미의 대형 자연재해 다섯건을 돌아보며 폐허에서 솟아난 무정부주의적 공동체의 상호부조와 이타주의를 말한 책이다. 이 책에서도 수전 손택과의 대화를 빌려서 말했듯이, 솔닛은 우리의 미래가 어둡고 현재의 일상은 재난이라는 사실은 절망을 말할 근거이기는커녕 희망을 바랄 근거라고 본다. 변화는 온갖 형태의 영감으로부터 오며 그 효과는 단순한 작용과 반작용이 아니라서, 어떤 과정을 거쳐 어떤 형태로 나타날 것인가는 아무도 모른다는 것이다.

「판도라의 상자와 자원경찰들」을 이 책의 맨 마지막에 배치한 것은 의도적인 선택이었을지도 모른다. 솔닛은 페미니즘에서도 결국에는 희망을 말한다. 어두운 사건과 전망이 가득할지라도, 우리가 이만큼 걸어온 것을 자랑스러워하고 앞으로 걸어갈 길이 먼 것에 압도되지 말자고 말한다. 페미니즘의 가치있는 주장들은 결코 판도라의 상자로 도로 들어가지 않을 것이라고 말한다. 내가 이 책이 맨스플레인이라는 용어로 많은 여성의 심금을 울리고 많은 남성의 신경을 거스른 책으로만 기억되지 말았으면 하고 바라는 것은, 모두가 자유롭게 드나들도록 활짝 열어둔 문과도 같은 바로 이 마지막의 희망 때문이다.

추신

이 책의 1, 2, 3, 8, 9장은 원래 '톰디스패치' 블로그에 실렸다. 4장은 『파이낸셜 타임스』에, 5장은 『지지버(Zyzzyva) 매거진』에, 7장은 『하퍼스 매거진』에 실렸다. 6장은 2009년 울프 연례학회에서 발표되었던 글이다.

2015년 4월 7일

김명남

도판 목록

1. '급한 일' 연작 중에서 「무제」, 캔버스에 유채, 15.2x20.3cm. 퍼포먼스 기록.

2. '세정식' 연작 중에서 「물병자리」, 캔버스에 유채, 137.2x208.3cm. 쌘디에이고(San Diego)-띠후아나(Tijuana) 국경에서의 퍼포먼스 기록.

3. '급한 일' 연작 중에서 「무제」, 캔버스에 유채, 152.4x183cm. 쌘디에이고-띠후아나 국경에서의 퍼포먼스 기록.

4. '세정식' 연작 중에서 「무제」, 캔버스에 유채, 177.8x203.2cm. 퍼포먼스 기록.

5. '거미줄' 연작 중에서 「무제」, 캔버스에 유채, 183x152.4cm. 퍼포먼스 기록.

6. '거미줄' 연작 중에서 「무제」, 캔버스에 유채, 183x152.4cm. 엘라 티덜먼(Ela Tidelman)의 퍼포먼스 기록.

7. '세정식' 연작 중에서 「무제」, 캔버스에 유채, 134.6x145cm. 퍼포먼스 기록.

8. '거미줄' 연작 중에서 「무제」, 캔버스에 유채, 20.3x25.4cm. 퍼포먼스 기록.

9. '다른 몸' 연작 중에서 「틈새」, 캔버스에 유채, 76.2x355.6cm. 쌘디에이고-띠후아나 국경 펜스 사이에서의 퍼포먼스 기록.

＊모든 이미지는 anateresafernandez.com에서 찾아볼 수 있다.

지은이 • 리베카 솔닛(Rebecca Solnit)

예술평론과 문화비평을 비롯한 다양한 저술로 주목받는 작가이자 역사가이며, 1980년대부터 환경·반핵·인권운동에 열렬히 동참한 현장운동가다. 이 책에 실린 에세이 「남자들은 자꾸 나를 가르치려 든다」에서 특유의 재치 있는 글쓰기로 일부 남성들의 '맨스플레인'(man+explain) 현상을 통렬하게 비판해 전세계적인 공감과 화제를 몰고 왔다. 국내에 소개된 저서로 『여자들은 자꾸 같은 질문을 받는다』 『어둠 속의 희망』 『멀고도 가까운』 『이 폐허를 응시하라』 『걷기의 인문학』이 있으며, 구겐하임 문학상, 전미도서비평가상, 래넌 문학상, 마크 린턴 역사상 등을 받았다.

옮긴이 • 김명남(金明南)

KAIST 화학과를 졸업하고 서울대 환경대학원에서 환경정책을 공부했다. 인터넷서점 알라딘 편집팀장을 지냈고, 지금은 전문번역가로 활동하고 있다. 옮긴 책으로 『여자들은 자꾸 같은 질문을 받는다』 『우리는 모두 페미니스트가 되어야 합니다』 『지상 최대의 쇼』 『우리는 언젠가 죽는다』 『포크를 생각하다』 등이 있다. 『우리 본성의 선한 천사』의 번역으로 제55회 한국출판문화상을 수상했다.

남자들은 자꾸 나를 가르치려 든다

초판 1쇄 발행 / 2015년 5월 15일
초판 18쇄 발행 / 2024년 8월 12일

지은이 / 리베카 솔닛
옮긴이 / 김명남
펴낸이 / 염종선
책임편집 / 정편집실·최지수
펴낸곳 / (주)창비
등록 / 1986년 8월 5일 제85호
주소 / 10881 경기도 파주시 회동길 184
전화 / 031-955-3333
팩시밀리 / 영업 031-955-3399 편집 031-955-3400
홈페이지 / www.changbi.com
전자우편 / nonfic@changbi.com

한국어판 ⓒ (주)창비 2015
ISBN 978-89-364-7263-4 03300